도요타

魂

혼

도요타

魂

혼

시가나이 야스히로 지음 | 오태헌 옮김

한얼

66

멀리까지 내다보는 사람은 부를 얻고,
눈앞의 것만 보는 사람은 가난하다.

니노미야 다카노리(二宮尊德, 일본 에도 시대의 지식인)

99

시작하면서

물건은 사람의 손으로 만들어진다. 하지만 그 손에는 마음과 정신(spirit)이 깃들어 있다. 왜냐하면 물건을 만든다는 것은 그 물건에 사람의 '혼魂'을 담는 행위이기 때문이다.

손수건 한 장, 고로케 한 개 등 아무리 작은 것일지라도 만든 이의 '혼'이 담겨 있다.

다음은 도요타 렉서스 매장에서 근무하는 책임 매니저에게서 들은 이야기다.

한 고객에게서 차를 주문받았다. 하지만 인기 차종이라 인도하는 데 6개월이나 걸리게 되었다. 그 과정에서 책임 매니저는 고객과 몇 번이나 만나게 되었다. 그때마다 그 고객은 "조금만 더 기다리면 되겠네요", "차를 받을 날이 너무도 기다려지네요"라고 말하곤 했다.

마침내 고객이 손꼽아 기다리던 그 차가 매장에 도착했다. 책임 매니저는 고객이 방문하기 직전까지 모든 점검과 세차를 마친 후 마지막으로 차 앞에 섰다. 그는 손바닥으로 차체를 부드럽게 쓰다듬고, 사랑스럽게 뺨을 대기까지 했다. 그 차에 '혼'을 담기 위해서였다. 이러한 행동을 하면 보이지 않는 제조 과정까지 손바닥으로 느낄 수 있다고 한다. 책임 매니저는 아무에게도 들리지 않도록 작은 목소리로 그 차에 살며시 말을 건다.

"앞으로 사랑을 듬뿍 받거라…."

마지막으로 그 차에 이 말을 건넬 때 그 책임 매니저가 느끼는 감정은, 마치 딸을 시집 보내는 아버지의 심정과도 같다고 한다. 그 책임 매니저는 말했다.

"이는 일종의 의식과도 같습니다. 수많은 '도요타맨'이 정성껏 혼을 담아 만든 차이기에, 도요타맨들에 대한 감사의 마음을 담아서 쓰다듬어 주는 겁니다."

도요타자동차는 세계적 일류기업이다. 도요타가 만드는 자동차는 전 세계의 고객들에게서 두터운 신뢰를 얻고 있다. 그 '자동차'에는 만드는 사람들의 '마음'이 깃들어 있고, '혼'이 담겨 있다.

　그런데 주목해야 할 점이 있다.

　'자동차'는 실로 수많은 사람들의 손을 거쳐 만들어진다. 이 때문에 '자동차를 만든 사람은 누구다'라고 특정 인물을 지목하기는 어렵다. 도요타자동차 본사의 직원만 하더라도 약 34만 명에 이른다(자회사의 직원들 포함). 아울러 덴소, 아이싱세이키, 제이텍트JTEKT 같은 그룹사는 물론이고, 1차, 2차, 3차로 이어지는 하청기업들과 판매회사까지 포함한다면 어떨까? 그러면 도요타자동차의 직원은 아마도 수백만 명에 이를 것이다.

　'도요타의 자동차는 도대체 왜 뛰어날까?'

　'도요타의 자동차는 도대체 왜 잘 팔릴까?'

　나는 이에 대한 답을 찾고 싶었다. 도요타자동차 한 대에 담긴 '혼'을 직접 내 눈으로 확인하고 싶었다.

　이러한 호기심이 이 책을 집필하게 된 동기였다.

　나는 도요타자동차 본사는 물론 관련 하청기업이나 판

매회사 등의 직원들도 '도요타의 혼(정신)'을 갖췄음이 틀림없다고 생각했다. 이러한 예상은 적중했다. 자동차에 필요한 '나사 하나'를 만드는 하청기업에서마저도 '도요타의 혼'이 살아 숨 쉬고 있었던 것이다.

일을 하다 보면 다양한 이유로 '벽'에 부딪히기 마련이다. 그리고, 이에 대해 고민하는 사람들도 많을 것이다. 물론 물건이 안 팔려 고민하는 사람도 있을 것이다. 저자는 이 책에 등장하는 개척자들의 '일하는 방식'이 세상의 모든 '일하는 사람들'을 위한 '모범 답안'이 되기를 바란다.

끝으로, 취재할 때 도움을 주신 도요타자동차 홍보부서의 직원 분들께 진심 어린 감사를 전하고 싶다.

저자 시가나이 야스히로(志賀 泰弘)

차례

2장
미래의 자동차, '수소연료전지자동차(FCV)' 개발의 선구자들
'열정'이 사람을 움직인다

1. 고생 없이 '좋은 상품'을 만들 수는 없다

2. 부여받은 과제에서 '도망가지 않는다'

3장
내비게이션 개발에 도전
세계 최초는 클레임에서 탄생했다

4장

최고의 안전을 지키는 나사 제조
보잘 것 없어 보이는 '나사' 하나도
하찮게 생각하지 않는다

5장
렉서스 '판매 방식'
넘버원 영업사원은 당연한 것을 중요하게 여긴다

1장

복지차량에 인생을 건
나카가와 씨의 개발 비화

'장벽'을 뛰어넘을 때
비로소 만날 수 있는
고객의 미소

1. 자동차로 세상을 바꾸다

모든 사람들에게 이동할 수 있는 자유를!

"이런 자동차가 나오기만을 기다리고 있었어요! 정말 구원받은 것 같아요."

장애가 있는 아이의 부모가 적극 지지하는 자동차가 있다. 바로 복지차량인 웰캡Welcab이다. 이는 도요타의 '랙티스Ractis' 모델의 타입 II 로, 휠체어가 쉽게 들어갈 수 있도록 했다. 즉, 휠체어를 탄 아이는 이 차의 '1.5열에 승차'한다.

"예? '1.5열'에 탄다고요?!"

여러분은 이런 반응을 보일 것이다.

그러니까 휠체어를 탄 장애인은 웰캡 뒷문의 슬로프slope 를 타고 올라간 뒤, 운전석과 뒷좌석 사이(1.5열)로 들어간다.

이 유일무이한 자동차를 세계 최초로 만든 사람은 도요 타자동차의 나카가와 시게루(中川茂) 씨다. 그러나 이 성공 적인 자동차가 출시되는 과정에서 이 차의 개발을 가로막 는 수많은 장벽들이 있었다. '모든 이들에게 이동할 수 있 는 자유를 주자'는 뜨거운 열정을 품고서 복지차량에 인생 을 바친 나카가와 씨의 자동차 개발 비화를 공개하겠다.

실의의 구렁텅이에 빠지다

개발자인 나카가와 씨에게는 장애를 가진 딸이 있다.

어린 딸의 뇌에 장애가 있다는 사실을 알게 된 나카가와 씨는, 의사에게서 치료가 불가능하다는 진단을 받았다.

우리는 거리에서 종종 장애인과 마주치곤 한다. 하얀색 지팡이를 짚고 걷는 사람, 다리가 불편하여 휠체어를 타고 다니는 사람, 전철 안에서 수화로 대화를 나누는 사람….

우리는 이들을 보면 단지 이렇게 생각할 뿐이다.

'참 안됐다.'

그러면서도 대개 남의 일로 생각하기 일쑤다. "도와드릴까요?"라고 묻기도 한다. 하지만 장애인의 입장에서 보면 이는 지극히 제한된 시간 안의 작은 도움일 뿐이다.

장애인의 가족들은 24시간, 365일 내내 장애인과 함께 생활하고 있다. 장애인의 가족들 역시 말로 형용하기 힘든 고통을 안고 살아간다.

저자는 나카가와 씨와 그의 아내가 감내하는 슬픔과 고통이 상당히 클 것이라 짐작했다. 그러면서 도저히 남의 일이라고 생각할 수 없어서 굳게 마음을 먹고 질문했다.

"따님에게 장애가 있다는 진단을 받았을 때, 충격이 크셨을 거 같습니다."

나카가와 씨는 애써 웃는 얼굴로 대답했다.

"물론 충격적이었지요. 그렇지만 저보다는 아내가 훨씬 더 충격을 받았을 겁니다. 당시 저는 '혹시 아내가 너무 힘들어 자살을 생각하지는 않을까?' 걱정하기까지 했어요. 그래서 늘 아내 곁에 있으려고 노력했습니다. 그러다 보니 침울해 할 여유마저 없었습니다."

나카가와 씨와 부인이 안정을 되찾고 일상으로 돌아오는 데 1년이 걸렸다고 한다.

어려운 사람들에게 도움이 되는 자동차를 만들자!

대부분의 사람들은 견디기 힘든 일이 생기면 '에고이즘 egoism'[1]에 빠진다. 이는 어쩔 수 없는 부분이다. 자신의 일만으로도 힘들다 보니 남의 일까지 생각할 수는 없기 때문이다. 예를 들어, 내가 심한 감기에 걸려 몸져 누워 있을 때, 친구에게 전화를 걸어 "요즘 잘 지내니? 아픈 데는 없고?"라고 묻지는 못할 것이다. 그러나 나카가와 씨는 달랐다.

'세상에는 내 딸처럼 장애가 있는 아이들이 많다. 그 아이들과 그 가족들을 위해 내가 할 수 있는 건 없을까?'

마침 나카가와 씨는 도요타자동차에 다니고 있었다.

---

1 에고이즘(이기주의)의 일반적인 의미는 오로지 자기의 욕망 충족이나 이익 추구만을 염두에 두고 행동하고, 그 행동이 타인이나 사회 일반에 미치는 영향을 고려하지 않은 상태를 가리킨다. - 옮긴이

'그래! 장애가 있는 아이의 가족들에게 도움이 될 자동차를 만들자!'

당시 자동차 내장 설계를 맡고 있던 나카가와 씨는, 즉시 개발 부서로 인사이동을 신청했다. 그러나 희망은 어디까지나 희망일 뿐이었다. 회사는 조직이다. 모든 직원들의 희망을 모두 받아 준다면 조직은 유지될 수 없다. 그래도 나카가와 씨는 포기하지 않고 인사이동을 신청했다. 이렇게 신청한 지 3년째 되던 어느 날, 도요타자동차에서 복지차량 개발 인력을 늘리기 위해 사내 공모를 실시했다. 나카가와 씨는 전혀 망설이지 않고 신청했다. 마침내 그토록 염원하던 복지차량 개발의 꿈을 실현할 수 있게 된 것이다.

이것이 2001년 7월의 일이다. 그때 나카가와 씨의 딸은 일곱 살이었다.

나카가와 씨만의 고객 니즈 파악법

'복지차량 개발'이라고 말은 쉽게 할 수 있었지만, 사실 너무도 막연했다. 어떤 자동차를 만들어야 할지 나카가와 씨도 몰랐으니 말이다. 그래서 나카가와 씨는 아이치 현 오카자키 시에 있는 특수학교를 방문했다. 장애가 있는 아이의 부모님들이 매일매일 무엇을 가장 힘들어하는지 직접 확인하기 위해서였다.

이곳에서 나카가와 씨는 다소 독특한 고객 니즈 파악법을 사용했다. 본래 이러한 방문의 목적은 '이런저런 자동차를 만들었으면 합니다'와 같은 고객의 '생생한 요구 사항'을 직접 듣기 위함이다. 하지만 나카가와 씨는 그들의 '요구 사항을 듣지 않기'로 했다. 나카가와 씨는 어디까지나 실태를 파악하는 것이 중요하다고 생각한 것이다.

"뭐라고요?" 고객의 요구를 듣지 않는다니, 그게 무슨 소린가? "그럼 왜 특수학교까지 갔습니까?" 그랬더니 나카가와 씨는 이렇게 대답했다.

"요구 사항을 듣더라도, 실제로는 좋은 자동차를 만들 수가 없으니까요."

장애가 있는 아이의 어머니들은 매일매일 집과 특수학교를 '자동차'로 왕복하며 아이를 데려오고 또 데려간다. 비라도 오면 아이를 데리고 자동차에 오르고 내리는 게 너무 힘들다. 그런데도 어머니들은 "비 오는 날에도 쉽게 타고 내릴 수 있는 자동차를 만들어 주세요"라고 말하지 않는다.

이용자는 자동차에 대한 고정관념이 있기 마련이다. 또한 '자동차를 만드는 사람에게 요청을 하더라도 어차피 만들지 못할 것이다'라는 생각도 갖고 있다.

이 때문에 "어떤 자동차를 만들길 바라십니까?"라고 질문해도 귀찮다는 표정만 지을 뿐이다.

그래서 나카가와 씨는 독특한 방법을 사용하기로 했다. 우선 어머니들에게 장애가 있는 아이들에게 어떤 간병과 수발을 하느냐고 물었다. 그리고 새 차 가격이 얼마라면 구입할 의향이 있는지, 현재의 주된 관심사는 무엇인지, 휴일은 어떻게 보내는지, 남편의 직업은 무엇인지 등 자동차와는 상관 없는 질문까지 했다.

피로에 찌든 어머니들의 하루 일과를 살펴보다

그러자 어머니들의 가혹한 하루 일과가 보이기 시작했다. 다음은 장애가 있는 아이를 포함해 세 명의 자녀를 둔 한 어머니의 하루 일과다.

이 어머니는 아침 5시 반에 일어나 남편에게 아침밥을 차려준다. 남편이 출근한 뒤 첫째 아이의 식사를 챙기고 학교에 보낸다. 장애가 있는 둘째 아이에게 영양 음료를 먹이고, 화장실에 데리고 간 뒤 옷을 입힌다. 이와 동시에 막내 아이의 옷을 챙기면서 나갈 채비를 한다. 장애가 있는 아이와 막내 아이를 차에 태워 특수학교로 향한다. 특수학교까지 가는 데 50분이 소요된다.

그런 다음 또 다시 50분을 달려 집으로 돌아온다. 이때즈음이면 시계는 오전 10시를 가리키고 있다. 그러면 한 시간 동안 집안 청소와 빨래를 한다. 집안일이 끝나도 편안하게 쉴 수 없다. 12시까지 또 50분을 달려 특수학교로 가야 하기 때문이다. 점심시간에 아이에게 영양 음료를 먹여야 한다. 영양 음료를 먹이는 것은 의료 행위에 해당되기 때문에 학교 선생님이 대신할 수 없다. 반드시 의료관계자 혹은 부모만이 할 수 있다.

아이에게 점심을 먹이고 나면 오후 1시다. 이제 다시 집으로 돌아가 남은 집안일을 하고 싶지만, 학교가 끝나는 3시에 아이를 데리고 집으로 와야 한다. 그래서 어쩔 수없이 어머니는 학교 주차장에서 시간을 보내며 아이가 하교하기를 기다린다. 아이가 하교하면 데리고 집으로 간다.

나카가와 씨는 이로써 장애가 있는 아이를 중심으로 어머니의 하루 일과가 맞춰진다는 사실을 알게 되었다.

아울러 어머니들은 운전에 자신이 없거나 서툴다 보니 주차하거나 골목길을 지나는 데 편리한 '소형차'를 더 반긴다는 사실, 장애가 있는 아이를 데리고 집과 학교를 오갈 때 막내 아이를 집에 혼자 둘 수는 없기에 막내 아이를 함께 데리고 다니는 데 필요한 '유아용 시트'가 부착된 좌석을 만들 필요가 있다는 사실 등도 알게 되었다. 즉, 복지차량을 만든다는 것이 단순히 '휠체어를 실을 수 있는 차'를 만드는 게 아니라는 점을 깨달았다고 한다.

나카가와 씨의
'어머니의 자동차 이용 모습' 지켜보기

나카가와 씨는 어머니들이 장애가 있는 아이를 차에 태우고 내려 주는 모습을 좀 더 유심히 지켜봤다.

어머니는 휠체어를 탄 아이를 조수석에 태우기 위해 자동차 뒤편에 휠체어를 세운다. 그리고 아이를 양손으로 안아 조수석 문 쪽까지 이동한다. 그때 오른팔로는 허리를 껴안고, 왼팔을 양쪽 무릎 밑으로 넣어 끌어안는다. 이렇게 하면 어머니는 양팔을 모두 쓸 수 없다. 따라서 어쩔 수 없이 아이를 안은 상태로 왼손을 쭉 내밀어 차 문을 연다. 왜 이렇게 힘들고 불편하게 일해야 할까?

특수학교 주차장이 결코 넓지 않기 때문이다. 그래서 자신의 차 옆에 다른 사람의 차가 정차했다면 문제가 커진다. 공간이 좁아서 차 문을 활짝 열 수 없기 때문이다. 물론 조수석 옆으로 휠체어를 끌고 갈 수도 없다.

조수석에 회전시트가 부착되어 있더라도 차 문을 활짝 열 수 없다면 골치아파진다. 사정을 모르는 사람이라면 '미리 조수석 문을 열어 두면 되지 않느냐'고 생각할 수도 있다. 그러나 조금이라도 강한 바람이 불면 문이 닫힐 수 있다. 또한 옆에 있는 차에 부딪혀 흠집을 낼 수도 있다. 이러한 사실들은 직접 현장을 보지 않으면 도저히 알 수 없다.

이 모습을 지켜본 나카가와 씨는 '가설' 하나를 세웠다.

'어머니들은 분명히 비가 오는 날에는 자동차를 타고 내

리기가 무척 어렵겠지.'

요청 사항을 듣기 전에 '가설'부터 세워라

　비록 '요청 사항'에는 없었지만, 나카가와 씨는 비 오는 날에 자동차를 타고 내리는 일에 대해 상세히 물었다. 그러자 다음과 같은 힘든 상황을 알게 되었다.

　다음은 비 오는 날, 지붕이 없는 특수학교의 야외 주차장에서의 한 장면이다.

① 수업이 끝나고 아이를 데리러 온 어머니가 휠체어를 밀며 밖으로 나온다. 어머니는 휠체어에 탄 아이에게 우산을 씌우며 나온다.

② 특수학교의 선생님은 그 뒤에서 어머니에게 우산을 씌우며 따라 나온다.

③ 자동차 뒤편에서 어머니는 일단 우산을 땅에 놓고 머리에 수건을 뒤집어쓴 후 아이를 두 손으로 끌어안는다.

④ 아이를 안고 조수석까지 달려가 문을 열고 차에 태운다

(이는 허리에 상당한 부담을 준다).

⑤ 그러는 동안 특수학교 선생님은 휠체어가 비에 젖지 않
도록 휠체어 앞에서 우산을 들고 서 있는다(휠체어는 상
당한 고가품이다. 비싼 것은 100만 엔이나 한다).

그런데도 나카가와 씨가 어머니들에게 "자동차를 이용
할 때 곤란한 일은 없으신지요?"라고 물어보면, "비 오는
날엔 힘드네요" 같은 대답이 나오지 않는다고 한다. 이 때
문에 신제품을 개발할 때는 '나와 다른 입장에 있는 사람이
이용하는 것'임을 염두에 두고 이용자에게 더 자세하게 물
어봐야 한다.

따라서 물어보기 전에 '가설'을 먼저 세워야 한다. 이러한
방법은 자동차는 물론 집, 가구, 주방기구, 문구, 식품, 화장
품 등 모든 상품 개발에 적용할 수 있다.

첫 번째 '장벽', "이런 차는 쓸모가 없어요"

나카가와 씨는 '비 오는 날 어머니들이 겪는 고생'을 해

결하는 데 도요타의 펀카고Funcargo 차종 중 하나인 슬로프 자동차가 적합하다고 생각했다. 그래서 이를 특수학교에 가져갔다. 이 슬로프 자동차는 뒷문을 위로 열고 경사진(slope) 판을 밖으로 펼치면 휠체어가 수월하게 차에 탑승할 수 있다. 그리고 들어간 휠체어는 그대로 자동차 실내의 뒷좌석 부문에 고정시킬 수 있다. 이러한 방식이면 비가 오는 날에도 어머니들은 비를 맞지 않으면서도 휠체어에 탄 아이를 차에 태울 수 있다. 사실 이런 유형의 차는 이미 개발·판매되고 있던 웰캡이었다.

나카가와 씨는 장애가 있는 아이들의 어머니들에게 이 웰캡에 직접 타 보도록 권유했다. 그러자 한 어머니가 말했다.

"이런 차는 쓸모가 없어요."

아니, 쓸모가 없다니? 나카가와 씨가가 반문하자, 어머니들은 자세히 설명했다.

"우리 아이는 상반신 근력이 약해서 탑승 중에 목이 앞으로 숙여질 때가 많아요. 아이 스스로 목을 세우지 못하니까, 제가 목을 몇 번이고 바로 세워줘야 해요. 안 그러면 기도가 막혀 질식할 수 있어요. 운전을 하면서 직접 아이의 목을 세워 주지 않으면 발작을 일으키기도 한단 말이에요.

아이를 조수석에 앉혀서 언제든지 '제 손이 닿는 거리'에 두어야 안심이 되죠. 또 아이가 정신적으로 불안정해서 칭얼거려도 제가 바로 옆에 있으면 안정시키기도 쉽고요."

어머니들은 휠체어를 탄 아이가 자동차 뒷좌석으로 편하게 올라탈 수 있는 것은 고마운 점이라고 인정해 주었다. 하지만 정작 본인들에게는 쓸모가 없다는 뜻이었다.

나카가와 씨는 이러한 '장벽'을 허물 수 있는 방법에 대해 고심하기 시작했다.

나카가와 씨는 마침내 이에 대응할 아이디어를 생각해 냈다. 그것이 앞서 소개한 '1.5열 승차' 방식이다.

먼저 조수석을 대시보드 가까이 당긴 후 등받이를 끝까지 기울인다. 그다음, 자동차 후면의 문에서 슬로프를 이용해 올라탄 휠체어를 조수석에 밀착시킨 뒤 고정한다. 이러면 조수석과 뒷좌석의 중간 정도의 위치(1.5열)에 휠체어가 탑승할 수 있다. 결과적으로 어머니 곁에 아이를 둘 수 있어 어머니가 운전을 하면서도 아이를 돌볼 수 있다.

아울러 운전석 뒤쪽에 두세 살 정도인 막내 아이도 태울 수 있다. 혹시라도 유아용 시트가 휠체어의 움직임을 방해

할 수 있음을 고려하여 충분한 공간을 두었기 때문이다.

나카가와 씨는 바로 목업Mock-up(외관을 보여 주기 위한 실물 크기의 모형)을 만들어 특수학교로 가져갔다.

어머니들은 이 목업에 시승해 보더니 "너무 훌륭한 차네요"라고 평가해 주었다. 하지만 나카가와 씨가 이끄는 팀은 연이어 또 다른 '장벽'에 봉착했다.

두 번째 '장벽',
"차체를 4센티미터만 높여 주세요!"

사실 이 복지차량의 디자인 설계는 거의 끝난 뒤였다.

소형차인 '랙티스'가 바로 그 자동차였다. 그런데 이 디자인 그대로 슬로프를 이용해 휠체어를 탄 아이를 자동차 뒷문으로 태우려 할 때였다. 뒷문 입구에서 아이의 머리가 천정에 부딪쳤다. 고심 끝에 '1.5열 승차'라는 좋은 아이디어를 냈지만, 정작 휠체어가 들어가지 못한다는 사실을 뒤늦게 알게 된 것이다.

중증장애가 있는 아이의 휠체어는 아래에서 위까지의

길이가 긴 편이다. 중증장애가 있는 아이는 스스로 휠체어를 움직일 수 없고, 그래서 이를 끌어 주는 사람의 신장에 맞춰 높게 만들기 때문이다. 중증장애가 있는 아이를 둔 가족까지도 탈 수 있는 자동차를 만들겠다는 것이 나카가와 씨의 본래 계획이었다.

그래서 나카가와 씨는 차체 디자인 부서에 디자인 변경을 요청했다.

"중증장애가 있는 아이의 휠체어도 들어갈 수 있도록 4센티미터만 높여 주십시오."

"이제 와서 무슨…. 당치도 않소!"

나카가와 씨는 디자인 부서의 부서장에게 크게 혼이 났다. 하지만 그도 딱히 할 말이 없었다. 마지막 단계인 '마무리' 때 디자인을 문제 삼은 쪽은 나카가와 씨였기 때문이다.

'랙티스'는 많은 고객들이 만족할 수 있도록 세련되고 날렵하게 설계되었다. 즉, 근사하고 멋진 자동차로 만들기 위해 차체의 높이를 낮춘 것이다. 그래서 이 4센티미터의 변경이 자동차 디자인 전체에 영향을 준다는 점은, 자동차 개발자인 나카가와 씨도 너무도 잘 알고 있었다.

차체를 높일 경우 후면의 문은 물론 차체 전체를 변경해야 했다.

그러나 나카가와 씨의 개발팀은 포기하지 않았다. 매일 매일 참혹하게 사는 장애인 가족들을 직접 봤기 때문이다.

나카가와 씨는 디자인 실무담당자들을 한 사람씩 만나 부탁하기 시작했다.

아이를 안아 조수석에 태우는 어머니의 사진을 보여 주면서 '이들이 얼마나 고통스러워하는지' 설명했다.

"비가 오는 날, 이들이 겪을 일을 상상해 보십시오."

나카가와 씨는 직접 관찰하고 기록했던, 장애가 있는 아이를 데리고 학교와 집을 오가는 어머니들의 하루 일상도 구체적으로 설명했다.

"이들을 위해서라도 반드시 렉티스의 차체를 4센티미터 높여야만 합니다!"

처음에는 냉담한 반응을 보이던 사람들도 서서히 "음…. 그건 그래, 정말 힘들겠어"라며 수긍하기 시작했다. 그들의 마음이 움직이기 시작한 것이다.

"그래. 이런 차를 만들 수 있는 회사는 도요타뿐이잖아!"

이러한 의견들이 많아지자 사내 분위기도 차츰 바뀌었다. 마침내 디자인 부서로부터 결재를 받을 수 있었다.

임원을 향한 마지막 발표,
"이건 세상을 위하고, 사람을 위하는 일이네요!"

이로써 개발 현장에서 받을 수 있는 결재는 모두 받았다. 이제 임원들의 결재만 남았다.

나카가와 씨는 디자인 부서 직원들에게 설명했듯이 어머니들의 참혹한 현실을 말했다. 나카가와 씨의 설명을 듣던 그 임원은 우연하게도 예전에 복지차량을 담당했었다. 그래서 예상외로 순조롭게 결재를 받을 수 있었다.

마지막으로, 디자인을 포함하여 경영의 전권을 쥐고 있는 전무에게 프리젠테이션을 하는 날이 왔다. 발표를 위해 나카가와 씨가 임원실로 가기 직전, 결재를 해줬던 임원이 그를 불러 말했다.

"그 어머니들의 사진을 절대 빼먹으면 안 되네."

전무에게 발표할 수 있는 시간은 불과 15분뿐이었다. 나카가와 씨는 잔뜩 긴장을 하고 전무실 문을 열었다.

"아, 나카가와 씨, 내용은 이미 들었어요. 그래도 모처럼 왔으니 그 자동차에 대해 설명해 보세요."

알고 보니 그 임원이 이미 전화로 모든 설명을 한 뒤였다. 프리젠테이션이 모두 끝나자 전무는 이렇게 말했다.

"이건 세상을 위하고, 사람을 위하는 일이네요!"

그 즉시 전무는 디자인 부서에 직접 전화했다.

"디자인이 거의 끝나갈 때 연락해서 미안하네. 차체를 몇 센티미터만 높여 줄 수 없을까?"

그 즉시 디자인 부서는 디자인 설계 변경에 착수했다.

세 번째 '장벽', 불가능한 인라인 생산

세 번째 '장벽'은 인라인 생산이었다. 인라인 생산을 하려면 생산 기술·제조 부문 임원의 승낙이 필요했다.

그럼 인라인이란 무엇일까?

인라인을 설명하려면 우선 기존의 복지차량 제조 방법을 설명해야 한다.

독자 여러분 중 대부분은 복지차량을 만든다는 것이 그저 '휠체어를 태우는 자동차를 만드는 일'일 뿐이라고 여길지도 모르겠다. 하지만 복지차량을 만드는 것은 사실 그리 간단한 일이 아니다. 복지차량의 바탕이 될 자동차는 시중에 판매되는 차량이다. 그래서 실내 바닥이 본래 높게 설계되어 있다. 하지만 복지차량은 휠체어를 탄 사람의 머리가 천정에 닿지 않도록 바닥을 땅바닥 쪽으로 낮춰야 한다.

이를 위해 우선 '기본이 되는 자동차'를 분해해야 한다. 이때에는 타이어와 연료탱크까지도 분해한다. 즉, 철판 부분까지 모두 드러나도록 분해한 후, 차체 하부의 철판을 잘라내고 철판의 페인트도 모두 벗겨낸다. 페인트가 붙어 있으면 용접 작업을 할 수 없기 때문이다. 이렇게 분해한 모든 부품 하나하나를 개조한 다음 다시 조립한다. 이러한 모든 작업에 약 20시간이 소요된다.

모두가 가장 궁금해 할 것은 복지차량의 가격일 것이다. 복지차량인 랙티스가 발매되기 이전에는 펀카고를 개조하여 휠체어를 태울 수 있도록 했었다. 이렇게 개조하는 비용만 52만 엔이다. 이는 중고차 한 대 가격이다. 육아에 한창인 젊은 부부에게 이런 가격은 커다란 부담이 된다.

나카가와 씨는 이 추가 비용을 38만 엔까지, 14만 엔이나 낮췄다. 그러나 슬로프가 부착된 자동차는 소비세를 면제받는다. 그러니까 자동차의 원래 가격이 170만 엔이라면, 소비세(당시 5퍼센트)는 8만 5,000엔이 된다. 이 부분까지 계산하면 추가 비용은 30만 엔도 안 된다는 뜻이다.

이러한 나카가와 씨의 가격 설정은 몇 수를 내다보고 내린 결과였다.

네비게이션이 처음 도입되었을 당시, 네비게이션 가격은 50~60만 엔이었다. 이후 점차 가격이 내려가 30만 엔이 되자 급격하게 보급되기 시작했다. 즉, 나카가와 씨는 소비자가 자동차를 구매할 때 '30만 엔 정도라면 추가로 지불해도 돼!'라고 생각한다고 판단한 것이다.

자동차를 수제품 만들듯이 하나하나 만드는 게 아니라, 대량 생산 라인에서 양산하는 것을 '인라인 생산'이라고 한다. 이 인라인 생산이 가능하면 비용은 물론, 인력과 시간도 절약되니 생산자와 소비자 모두에게 큰 도움이 된다.

그렇기 때문에 나카가와 팀은 무슨 수를 써서라도 인라인 생산을 실현시키려 했다. 나카가와 씨는 디자인 부문의 임원에게서 이에 대한 결재를 받았다. 그러나 생산 기술·제조 부문 임원의 결재를 받지 못하면 인라인 생산은 불가능하다. 이것이 나카가와 씨가 직면한 가장 어려운 과제였다.

인라인 생산은 1개월에 1만 대 이상 생산할 수 있는 차량에만 허용된다. 그런데 복지차량은 기껏해야 수백 대 생산될 예정이었다. 단위가 전혀 달랐던 것이다. 그리고 랙티스를 제조할 예정이던 다카오카 공장은 코롤라Corolla나 비츠Vitz와 같이 도요타를 대표하는 차량을 대량 생산하는 메인 공장이었다.

나카가와 씨가 랙티스의 인라인 생산을 부탁하려고 해도, 협의 자리조차 마련할 수 없었다. 그런 상태로 반년이 지나갔다. 나카가와 씨는 점점 위축되고 있었다.

두 가지 모델로 실무 담당자들을 설득하다

가장 큰 장벽은 역시 소량 생산이라는 점이었다. 1.5열 승차가 가능한 자동차에 대한 수요가 과연 얼마나 될까? 아마 적자를 면하기 어려울 정도로 적을 것이다. 하지만 도요타자동차는 '효율'을 극대화하는 세계적인 기업이다. 적자가 날 게 뻔한 일을 할 리는 없는 것이다.

나카가와 씨는 공장장보다 생산 부문의 실무 담당자들

을 먼저 만나 이야기했다. 비용 측면의 해결 방안을 제안하기 위해서였다.

이 방안은 각각 사양이 다른 '타입 I'과 '타입 II'라는 두 가지 유형의 복지차량을 만드는 것이었다.

타입 I 은 1.5열 위치까지 휠체어가 들어가지 않는다. 하지만 뒷문의 슬로프를 이용해서 휠체어가 차 안으로 들어가는 것은 변함이 없다. 그리고 조수석 뒤에 휠체어를 고정할 수 있다. 앞서 설명한대로 상반신 근육이 약해져 목이 앞으로 숙여지지 않는 경증장애인에게는 이 자동차로 충분하다. 즉, 아버지와 어머니, 휠체어를 탄 장애인 한 명을 포함한 아이 두 명의 4인 가족이 이용할 수 있다. 휠체어를 태우지 않는 경우에는 뒷좌석을 부착한 채로 5인이 탑승할 수 있도록 설계했다. 이 타입 I 은 휠체어를 이용하는 노인과 함께 사는 가족에게도 안성맞춤이다.

타입 II 가 바로 '1.5열 승차'이다.

이는 중증장애인이 있어 힘겹게 생활하는 가족을 위한 자동차다.

1.5열에 휠체어를 고정하고, 운전석과 그 뒷좌석에 한

명이 더 탈 수 있는 3인승 차다. 휠체어를 조수석에 밀착시키지 않고 뒷좌석에 고정하면 4인 탑승도 가능하다.

나카가와 씨는 이 두 유형의 복지차량을 동시에 인라인 생산에 투입하자는 제안을 했던 것이다.

"그땐 정말 눈물이 날 것 같았습니다"

이후에도 나카가와 씨는 몇 번이고 생산 기술·제조 부문을 찾아갔다. 결국 임원에게 보고할 수 있는 기회를 간신히 확보할 수 있었다.

나카가와 씨를 지지해 주는 직원도 늘어났다. 지원해 주는 이유가 '가족 중에 장애가 있는 사람이 있어서'인 경우도 있었고, '도요타가 아니면 누가 만들겠냐'고 생각했기 때문이라는 직원도 있었다. 이러면서 점점 분위기가 바뀌었다.

다카오카 공장의 임원실에는 공장장과 몇 명의 제조 부문 차장들이 줄지어 앉아 있었다. 나카가와 씨는 성공하지 못하면 마지막이 될지도 모를 발표를 시작했다. 먼저, 타입

I과 타입 II의 비용 측면 해결 방안을 제시했다. 그다음에는 '비 오는 날 어머니들이 겪는 고생'을 털어놨다.

인라인 생산을 처음 부탁한 지 1년이 지난 뒤였다.

언제쯤에나 발매될 수 있을까 하고 생각하니, 더 이상은 기다릴 수가 없었다.

"외출을 하고 싶어도 할 수 없는 사람들이 있습니다."

"고생을 강요당하며 힘들어 하는 가족들이 있습니다."

"이 사람들을 위해서라도 인라인 생산을 함으로써 이 자동차 가격을 낮춰야 합니다!"

45분 동안 이어진 나카가와 씨의 열정적인 보고가 끝났다. 회의실에는 파도에 휩쓸린 해안처럼 정적이 흘렀다.

공장장은 제조 부문 차장들에게 말했다.

"그런데, 우리 공장은 휠체어를 타고 견학할 수 있나? 내년부터 이런 자동차를 만들 거라면 지금부터 휠체어가 다닐 수 있도록 조치해야 하지 않겠어?"

그 일을 회상하던 나카가와 씨는 눈시울을 붉히며 힘겹게 말했다.

"그때 정말 눈물이 날 것 같았습니다."

이후 생산 라인에서는 다음과 같은 업적도 실현했다.

차 뒤쪽의 문을 위로 열고 슬로프를 땅에 내린다. 그런데 일반적인 자동차의 바닥 높이가 높아 슬로프의 경사 각도는 가파를 수밖에 없다. 이러한 경사에서 차에 휠체어를 싣는 것은 건장한 남성에게도 상당히 힘든 일이다. 이 때문에 자동차 뒷부분에 에어서스펜션Air Suspension을 장착했다. 에어스프링을 이용하면 버튼을 한 번 누르는 것만으로도 차 높이를 조정할 수 있다. 이로써 힘이 부족한 어머니들도 휠체어를 탄 아이를 쉽게 태울 수 있게 되었다.

본래 다카오카 공장에는 에어서스펜션 제조 설비가 없었다. 하지만 현장 작업자들이 '어떻게든 성공시켜 보자'라며 열정적으로 검토해 준 덕분에 생산 라인에서 특별히 장착할 수 있게 되었다고 한다.

랙티스는 그야말로 도요타 직원들이 다 함께 힘을 합쳐 만든 자동차인 셈이다.

현재 도요타자동차 본사와 판매점은 일본 내 9곳에서 웰캡의 종합전시장인 '도요타 하트풀 플라자Toyota heartful plaza'를 운영하고 있다. 이곳에서는 카탈로그만으로는 알 수 없는 자동차의 편리성을 직접 체험할 수 있게 함으로써 웰캡의 보급·확산을 위해 노력하고 있다.

고객에게서 받은 감사의 편지

이후 랙티스 출시를 위해 나카가와 씨는 휴일 반납은 물론, 잠도 제대로 자지 못하며 일을 했다. 복지차량 관련 제안 사항을 관철시키느라 소비된 시간만큼 보충해야 했기 때문이다.

2005년 10월, 드디어 나카가와 씨가 제안한 1.5열 승차의 복지차량 랙티스가 정식 발매되었다. 그 이후 도요타자동차에는 감사 편지와 팩스가 쏟아졌다.

그중 한 통을 이곳에 소개하겠다.

안녕하세요.

귀사의 무궁한 발전을 기원합니다.

며칠 전 요코하마 도요펫Toyopet 치가사키 영업소에서 웰캡을 구입했어요. 그동안 제가 이상적이라고 생각했던 바로 그 차라 너무 기쁜 나머지 펜을 들었습니다.

저는 올해 특수학교 중등부에 입학한 아들을 등교시키고 있습니다. 그래서 항상 아들을 끌어안고 차에 태웠지요. 그 일이 너무 힘들어서 3년 전부터 무슨 수를 찾아야겠다 생각했어요. 그래서 국제복지기기 박람회에 몇 번이고 찾아갔지요. 그곳엔 제게 적합하지 않은 미니밴밖에 없더군요. 그냥 포기하려는 순간에 랙티스가 발매되었다는 반가운 소식을 들었습니다. 정말 감사합니다. 기존 차량을 개조한 게 아니라, 생산 라인에서 직접 만든 거라는 얘기를 전해 듣고 정말 감동했어요. 역시 도요타자동차입니다.

오늘 아침, 아이를 데려다 준 뒤 혼자서 국도를 타고 달려봤습니다. 승차감과 주행감도 대만족입니다. 글 쓰는 재주가 없어서 너무도 기쁜 이 마음을 모두 담을 수가 없네요. 그래서 두서 없는 글을 보냅니다. 죄송합니다.

안녕히 계십시오.

이 편지에도 등장하는 '국제복지기기 박람회'를 하와이에 사는 한 남성이 방문했다. 그는 어머니가 휠체어 생활을

하고 있어서 랙티스를 하와이로 수입하고 싶다는 상담을
했다고 한다.

중증장애가 있는 여자아이의 어머니는 랙티스 타입Ⅱ를
타고 특수학교에 갔다. 그랬더니 어머니들이 차를 둘러싸
며 "이거 어디 차야? 너무 좋다~"며 몰려들었다. 그리고 모
두가 연이어 자동차를 랙티스로 교체했다고 한다.

휠체어를 탄 채 뒷문으로 탑승하는 타입Ⅰ과 같은 복지
차량은 타사도 이미 판매하고 있다. 그러나 1.5열 승차의
복지차량은 세계에 단 하나뿐이다. 그 이유는 이런 아이디
어를 제품화하려면 나카가와 씨가 겪은 것과 같은 수많은
'장벽'들을 뛰어넘어야 하기 때문이다.

나카가와 씨는 이 수많은 '장벽'들을 뛰어넘어 그곳에 도
착했다. 그럼으로써 고생에 찌들었던 어머니들의 환한 미
소를 볼 수 있었다.

노인을 위한 자동차는 없다?

나카가와 씨는 현재 간병이 필요한 500여만 명의 노인

들을 위해 새로운 복지차량 개발에 힘을 쏟고 있다. 그래서 나카가와 씨는 2014년 11월에 발매한 '휠체어'의 설계도 맡았다.

이 일은 어머니를 간병하던 어느 여인의 한마디로 시작되었다. 그녀는 이미 휠체어를 탄 채로 뒷문의 슬로프를 이용하여 탑승할 수 있는 복지차량을 이용하고 있었다. 어느 날, 효도한다는 생각으로 어머니를 모시고 온천을 가려고 했다. 그런데 어머니는 완곡하게 거절했다. 딸은 어머니가 미안한 마음에 사양하는 것이라고 생각했지만, 실제로는 그렇지 않았다. 휠체어를 탄 채로 자동차를 타면 서행으로 운전하더라도 브레이크를 밟을 때 앞으로 쓰러질 듯이 기울어진다. 커브를 틀 때는 좌우로 크게 흔들린다. 이 때문에 몸이 경직되어 말이 없어진다. 저자도 취재할 때 휠체어에 앉은 채로 복지차량에 시승할 기회를 가졌다. 그런데 정말 짧은 거리를 갔는데도 멀미가 났다.

차멀미가 심한 노인들을 위해 나카가와 씨는 쾌적하게 드라이브를 즐길 수 있는 '휠체어'를 만들었다. 휠체어에서는 보호자가 가볍게 그립을 조작하는 것만으로 좌석 높낮이를 조정할 수 있다. 휠체어의 좌석 전체가 내려갈 뿐만

'1.5열 승차'의 복지차량 (사진 제공: 도요타자동차주식회사)

아니라, 등받이를 뒤로 눕힐 수도 있다. 이렇게 하면 체중이 분산되기에 한층 편안하다. 저자도 휠체어에 직접 시승했다가 놀랐다. 승차감이 일반 자동차의 것과 비슷했기 때문이다.

독일에서 목격한 놀라운 광경

독자 여러분들에게 꼭 전해 주고 싶은 이야기가 있다.

나카가와 씨가 독일의 뒤셀도르프로 출장을 갔을 때의 일이다.

그가 노면전차(tram)를 탔을 때 이런 광경을 목격했다. 우연히 같은 차량에 타고 있던 휠체어에 앉은 사람이 '역에 도착했으니 내리겠다'는 손동작을 보였다. 그때였다. 가까이에 있던 두 명의 승객이 그 휠체어로 살며시 다가가더니 "하나, 둘, 셋!" 하며 휠체어를 들어올렸다. 그리고 역 승강장까지 옮겨 준 다음 아무 일도 없었다는 듯이 전차로 되돌아왔다.

나카가와 씨는 그 '자연스러움'에 감동을 받았다고 한다.

만약 일본에서 그런 일이 있다면 휠체어에 탄 사람은 몇 번이고 머리를 숙여 '미안합니다', '감사합니다'라고 하며 고마움을 표시할 것이다. 그러나 독일의 장애인은 고맙다는 감사 표시는 하지만 특별히 정중하게 하지는 않았다. 휠체어를 옮긴 두 사람 역시 지극히 '당연한 일'을 했다는 분위기를 풍기며 '고마워할 필요가 없다'는 태도였다.

나카가와 씨가 주위 사람들에게 이런 이야기를 하자, 누군가가 이렇게 말했다고 한다.

"독일에서는 휠체어를 탄 사람이 탑승하더라도 역무원이나 차장은 다가오지 않습니다. 유모차를 태울 때도 그렇고요. 도와주는 사람은 고맙다는 말을 기대하지 않으며, 도움을 받은 사람도 머리를 숙여 고마움을 표시하기보다는 가볍게 '고맙다'고 말해요. 모르는 사람일지라도 서로서로 도와주는 사회가 만들어져 있는 겁니다."

그러나 일본은 어떤가?

휠체어를 탄 사람이 개찰구를 통과하면 역무원이 '어디로 가는 전철인지, 몇 호차인지, 어디에서 내리는지' 등을 묻는다. 개찰구의 역무원이 승강장에 있는 역무원에게 이

러한 정보를 전달하고, 전철 승강구와 승강장을 연결하기
위한 슬로프를 가져간다. 장애인이 승차를 하면, 이제 내리
는 역의 역무원에게 연락이 간다. 내리는 역에서도 같은 방
법으로 역무원이 슬로프를 준비하고 기다린다. 이런 절묘
한 연결 동작들을 눈앞에서 목격하면 '정말 대단하다' 싶어
박수를 치고 싶어진다.

하지만 실제로는 그렇지 않다.

독일의 모습과 비교해 보면서 '대단하다'고 생각했던 일
본의 모습도 순서가 잘못된 것이다. '함께 탄 사람'이 조금
만 손을 빌려주면 해결될 일이니 말이다. '저런 건 역무원
이 할 일'이라고 생각할 게 아니다. 누구나 장애인에게 자
연스럽게 손을 내미는 사회가 더 좋은 사회인 것이다.

승강장에서 역무원이 슬로프를 들고 기다리는 모습이 아
름답다고 생각할 것이다. 하지만 사실은 장애인에 대한 우
리들의 의식이 부족하다는 반증이기도 하다. 모두가 서로
돕는 사회가 실현된다면 이러한 일은 필요 없어질 것이다.

자동차로 사람의 마음을,
그리고 사회를 바꾸고 싶다

　유모차에 대해서도 마찬가지다. 나카가와 씨도 독일에 체류할 때 유모차를 끄는 어머니를 도운 적이 있었다. 그런데 그 어머니도 가볍게 "고맙습니다"라고 말했다고 한다. '도움을 받는 게 당연하다'고 생각하는 듯했다.

　만약 일본에서도 이런 식이라면, 노약자나 장애인, 임산부 등을 위한 교통약자용 좌석 지정은 불필요할 것이다. 모든 좌석이 교통약자를 위한 자리가 될 것이기 때문이다. 나카가와 씨는 또 이런 말을 했다.

　"필요한 것은 주위 사람들의 이해라고 생각해요. 이해가 있으면 장애인도 적극적으로 밖으로 나옵니다. 노인이나 장애인이 얼마든지 비장애인과 함께 쾌적하게 생활할 수 있죠. 그래서 우리가 만든 복지차량이 의미가 있다고 생각합니다. 복지차량이 중요한 이유는 장애인들이나 노인들이 마음껏 외출할 수 있고, 일반적인 생활도 할 수 있도록 도울 수 있기 때문이에요. 이로써 우리들은 여기저기에서 휠체어를 탄 사람들과 마주칠 겁니다. 이 광경이 특별한 것이 아니라 '당연한 것'이 되는 거죠. 그러면 장애인에 대한 주위 사람들의 이해가 더욱 깊어져 누구든지 어려움에 처한 사람들에게 자연스럽게 손을 내밀 겁니다. 즉, 사회의식이 바뀌는 거예요. 제가 개발한 복지차량이 사회의식을 전환시키는 기폭제가 될 수 있기를 바랍니다. 최종적으로는 복지차량 같은 것이 없어도 누구나 쾌적하게 살아갈 수 있는 세상이 되기를 바랍니다."

마지막으로 나카가와 씨의 메시지를 전달하면서 끝을 맺겠다.

"사람을 도우면 돌고 돌아 언젠가는 자신이 행복해질 수 있습니다. 이러한 사회적 장치가 만들어지면 좋을 것 같아요. 앞으로 점차 고령화 사회가 심화될 겁니다. 누구든 나이 먹고 몸도 점차 불편해지는 걸 피할 수는 없습니다. 휠체어나 지팡이가 필요한 노인이 500여만 명에 이른다고 합니다. 지금 이대로라면 행복한 노후를 기대할 수 없습니다. 저는 자동차 개발을 통해 모든 사람들의 의식을 바꾸기를 원합니다. 그래서 누구나 쾌적하게 살 수 있는 세상, 그리고 그것이 미래에 자신에게도 돌아온다는 것을 확신할 수 있는 세상을 만들고 싶습니다."

나카가와 씨의 딸은 올해 성인이 된다. 아직 장애가 남
아 있지만, 가족여행을 즐기는 등 행복하게 지낸다고 한다.

현재 나카가와 씨는 여전히 복지차량인 웰캡 개발에 힘
을 쏟고 있다. 고령화가 사회 문제로 대두된 지 오래되었
다. 하지만 개선되기는커녕 지속적으로 악화되고 있다.

정부의 재정 적자로 간병보험 적용도 어려워져 간병 관
련 상황도 점점 더 나빠지고 있다. 간병에 종사하는 이들
의 부담을 조금이라도 덜어주는 것은 불가능할까? 간병을
받는 이들에게 보다 '도움이 되는' 자동차를 만들 수는 없
을까? 장애인을 위한 자동차와 노인을 위한 자동차에 대한
아이디어는 비슷하다.

이런 자동차들을 개발하려면 현장을 직접 봐야 한다.

도요타자동차의 주요 고객사이자, 나카가와 씨가 전폭
적으로 신뢰하는 택시 회사가 니가타(新潟) 현에 있다. 그곳
에는 나카가와 씨의 '혼'과 일맥상통하는 경영자와 운전자
들의 생생한 모습이 있었다.

2. 가족처럼 다가가다

복지택시의 선구자

　나카가와 씨는 장애인을 위한 복지택시 운영에 역점을
두고 있는 택시 회사를 샅샅이 조사했다. 복지택시를 운영
하는 택시 회사는 일본에도 많다. 그러나 참고할 만한 회사
를 찾기는 쉽지 않았다. 왜냐하면 복지택시는 운송업이면
서도 운송업이 아니기 때문이다. 나카가와 씨는 '부가적인
서비스'로서 장애인 복지를 취급하는 택시 회사 대신, 주로
'장애인 복지사업 그 자체'에 종사하는 회사를 찾았다. 높은

'의지'를 가지고 '도전'을 하는 회사가 아니라면, 진정한 현장의 목소리를 들을 수가 없다고 생각했기 때문이다. 그리고 마침내 그런 택시 회사를 찾을 수 있었다.

"니가타 현의 히노마루 관광택시는 정말 대단합니다. 경영자의 열의와 각오가 분명해요. 남편이 뇌경색으로 쓰러져 부인이 간병하는 가정을 복지택시 운전자와 함께 방문했어요. 거기서 운전자가 침실로 들어가 남편을 끌어안고 휠체어로 옮깁니다. 나이가 많은 부인이 도저히 할 수 없는 일이죠. 이렇게 노인이 노인을 간병하는 현장은 참으로 안쓰럽죠. 저는 복지택시 개발을 위한 도움을 히노마루 관광택시에서 많이 받았습니다."

그러면서 나카가와 씨는 이 택시 회사를 꼭 방문해 보라고 했다. 그래서 저자는 니가타 현 산조 시로 갔다.

자동차가 없으면 살 수가 없는 사람들

자동차가 동경의 대상이던 때가 있다. 중고차조차 없는 남자는 여자 친구와 데이트하기도 어려웠다. 멋을 내고, 음

악을 듣고, 자동차를 몰고 다니는 것이 인기 있는 남자의 필수 조건이었다. 그런데 요즘에는 자동차를 가지지 않는 젊은이가 늘어나고 있다. 그 이유로 꼭 드라이브가 아니더라도 즐길 수 있는 레저 활동이 많아졌다는 점과, 자동차 유지가 부담스럽다는 점을 든다. 무엇보다 자동차가 없어도 생활에 불편함이 없다는 게 가장 큰 이유일 것이다.

그렇지만 이런 현상은 도쿄와 같은 대도시에 해당하는 이야기다. 지방에서는 자동차가 생활필수품이다. 자동차가 없다면 쇼핑은 물론 일을 하러 나갈 수도 없다. 그렇기 때문에 지방에는 가족들 모두가 차를 각각 한 대씩 소유하고 있는 가정도 흔하다. 저자가 니가타 공항에서 산조 시로 차를 타고 이동할 때 차창 밖으로 계속 펼쳐지는 전원 풍경을 보면서, '이런 곳에서는 차가 없으면 생활을 하기 어렵겠구나'라는 생각이 절로 들었다.

히노마루 관광택시 회사의 접대실에 들어서자, 가장 먼저 눈에 들어온 것은 '와쿠와쿠 회원 등록 접수 중'이라는 전단지였다. 니시야마 회장은 "현재 회원을 늘리기 위해 노력하고 있습니다"라고 말했다.

입회 조건은 ① 65세 이상으로 버스, 전철 등 대중교통의 이용이 어려운 분, ② 간병이 필요하다고 인정을 받은 분(지원이 필요한 분도 포함), ③ 장애가 있는 분이라고 한다.

운전면허를 가지고 있더라도 질병이나 고령으로 인해 운전을 할 수 없게 되면 외출을 하기가 어려워진다. 만약 투석 치료를 위해 병원에 가야 하는 사람에게는 이런 상황이 목숨이 걸린 문제가 된다. 물론 버스나 전철을 이용할 수도 있지만, 이는 도어 투 도어Door to door[2] 방식이 아니다. 몸이 불편한 사람에게는 역이나 버스정류장까지 가는 것조차 너무나 힘들다. 가족들이 대부분 저녁까지 일을 하기 때문에 그동안에 의지할 사람이 아무도 없다. 노인들만 있는 가정은 더 말할 필요도 없다.

결국 도움을 요청할 수 있는 현실적인 방안은 택시뿐이다. '와쿠와쿠 회원'의 운임은 거리 기준인지 시간 기준인지, 또는 소형차인지 중형차인지에 따라 약간의 차이는 있지만, 일반적인 요금보다 10~20퍼센트 정도 더 저렴하다.

---

2 일반적으로 교통수단으로의 접근을 위한 추가 통행 없이 출발지에서 목적지까지 이루어지는 통행을 뜻한다 - 옮긴이

전단지에는 '이용 목적에 제한은 없습니다'라고 써 있다. 그리고 특별히 강조하고 싶은 내용이 있다. 자택까지 손님을 모시러가는 운전자는 모두 개호복지사 혹은 홈헬퍼 2급[3] 자격을 소지한 사람이다. 물론 휠체어를 이용하는 고객들은 웰캡 차량으로 모시러 간다.

히노마루 관광택시는 차를 탈 수 없는 사람의 '다리'가 되어 주고 있다. 마치 전기, 가스, 수도 서비스를 제공하는 생명선과도 같은 것이다.

복지택시로 고객만족도를 높이고,
직원들의 마인드도 바꾸다

히노마루 관광택시는 1969년 10월에 차량 네 대로 회사를 설립했다. 그 이후 규제 완화에 따라 차량 대수를 늘리고 가까운 동업자들에게서 영업권을 양도받는 식으로 사

---

3 2013년도부터 법률 개정에 따라 홈헬퍼 2급(방문개호원 2급) 자격은 폐지되면서 새롭게 개호직원 초임자 연수가 시작되었다.

업을 확장해 왔다. 현재 52대의 차량을 운행함으로써 인구 약 10만 명인 산조 시에서는 가장 많은 인가대수를 보유한 기업이 되었다.

개호보험제도가 시작된 2000년 4월보다 2년 빠른 1998년 4월에 히노마루 관광택시는 웰캡 1대를 구입했다. 이듬해 인 1999년 8월에 회장(당시 사장)이던 니시야마 씨를 포함한 3명이 홈헬퍼 2급 자격증을 취득했다. 히노마루 관광택시 는 2000년 1월부터 복지택시 사업을 시작했다. 그해 10월 에는 개호보험의 방문개호사업자로 지정되었다.

니시야마 회장에게 실례가 된다는 것을 알았지만, 솔직 하게 질문해 보았다.

"이런 질문은 실례지만, 혹시 돈을 벌 목적으로 복지택 시를 시작하신 건가요? 즉, 비즈니스 기회를 틈탄 경영 전 략이 아니었는지 궁금합니다."

그러자 나시야마 회장은 온화한 미소를 지으며 대답해 주었다.

"전략이랄 것도 없었습니다. 당시 전국적으로 택시 회사 들 사이에서 복지택시를 해 보자는 의견이 많았거든요. 저 는 마음 깊은 곳에서 단 하나의 가능성만을 생각했습니다.

'복지택시가 택시 서비스의 품질 향상에 기여할 수 있지 않을까?' 하는 것이었지요."

아무래도 택시기사는 사회적 지위가 낮다는 인식이 여전하다. 저자도 택시를 탈 때마다 "회사가 망해서 지난달부터 택시 운전을 합니다"라든가, "시골에는 일이 없어 도시에 돈벌이하러 왔지요. 그런데 딱히 할 게 없어서요"라는 말을 택시기사들에게서 들었었다. 그러니까 대부분 어쩔 수 없이 택시 운전을 하는 것이다. 이렇다 보니 택시기사들은 자기 일에 대한 자긍심을 가지기 어렵다. 따라서 질 높은 서비스를 기대하기는 더더욱 어렵다.

그러나 일의 내용은 접객업이다. 호텔 직원이나 여객기 승무원의 일과 다르지 않은 것이다. 그래서 택시 회사의 경영자는 '어떻게 하면 고객만족도(CS)를 높일 수 있을지'를 항상 고민한다. 니시야마 회장은 이렇게 말했다.

"복지택시 사업을 시작한 가장 큰 동기는, '직원들을 위해서'였습니다. 직원들도 사회에 도움이 되는 복지택시를 운전하면 아무래도 자기 일에 보람을 가질 것이라고 판단했지요. 손님에게서 '감사합니다'라는 말을 들으면 더욱 열심히 일할 거고요. 즉, 복지택시를 통해 직원들의 일에 대한 마음가짐이 변화하기를 바란 거지요."

현재 히노마루 관광택시의 택시기사 70명 중에 60명
이 홈헬퍼 2급 자격증을 보유하고 있다. 그리고 52대의 차
량 중에 8대가 복지차량이다. 모두가 나카가와 씨가 개발
한 복지차량 랙티스다. 그 외에 중환자를 위한 침대인 스트
레처Stretcher(바퀴가 달린 이동용 침대)에 누운 채로 승차할 수
있는 도요타자동차의 대형 밴인 하이에스hiace가 2대 있다.
나카가와 씨는 말했다.

"규모가 작은 택시 회사가 이렇게까지 복지 분야에 심혈
을 기울이는 경우는 매우 드물다고 생각합니다."

참고로 히노마루 관광택시의 일반 자동차들도 컴퍼트
comfort와 프리우스Prius 등 모두 도요타의 자동차다.

나카가와 씨가 히노마루 관광택시를
강력 추천했던 이유

도요타의 복지차량 개발책임자인 나카가와 씨가 히노마
루 관광택시를 방문했을 때였다. 그는 자신이 개발한 랙티

스를 타고 간병을 하는 운전자와 동행하며 견학했다. 나카가와 씨는 "히노마루 관광택시 회사는 복지택시 분야에서 전국 톱클래스입니다"라고 단언한다. 그 이유를 니시야마 회장에게 물었다. 니시야마 회장의 대답은 이러했다.

"겸손을 떠는 건 아니고요. 솔직히 말해서 저는 우리 회사의 택시를 타본 적이 없어서 잘 모릅니다. 직원 모두가 열심히 해 주니까 가능하겠지요. 현장에서 일하는 운전자 한 분을 소개해 드리지요. 저한테서 대답을 들으시는 것보다 훨씬 나으실 겁니다. 허허."

니시야마 회장이 소개해 준 사람이 이시이 씨였다.

택시 운전과 간병서비스를 병행하려면 상당한 체력이 필요할 것이다.

그런데 이시이 씨는 체구가 작은 63세의 품위 있는 여성이었다.

그러나 이시이 씨야말로 나카가와 씨가 느꼈던 히노마루 관광택시의 매력을 찾을 수 있었던, 히노마루 관광택시의 '혼'을 상징하는 인물이었다.

돌아가신 어머니를 그리며 복지택시에 취직하다

이시이 씨의 명함에는 '서비스 제공 책임자 겸 개호복지 사'라는 직함이 적혀 있었다. 현재 히노마루 관광택시의 복지택시 운전자 중에서 최고참인 이시이 씨는 후진 양성에 힘을 쏟고 있다.

13년 전, 당시 50세였던 이시이 씨는 히노마루 관광택시의 간병인 모집 공고를 보고 회사 문을 두드렸다. 히노마루 관광택시가 간병사업을 시작한 지 얼마 안 되었을 때였다. 그 이전에 이시이 씨는 봉재 공장에서 임시직으로 일했다고 한다. 그런데 그 공장이 도산하면서 실직했다.

그녀는 예전부터 정해놓은 새로운 일이 있었다고 한다. 그것이 바로 '간병'이었다. 간병과 관련된 일은 과혹한 노동에 비해 임금은 낮은 편이라고 알려져 있다. 그런데 왜 그녀는 이 일에 뛰어들었을까?

"공장을 그만두기 조금 전에 어머니가 심장병으로 갑자기 돌아가셨어요. 저에겐 정말 큰 충격을 준 사건이었습니다. 불과 얼마 전까지도 건강하셨는데…. 어머니를 잃었다는 사실도 슬펐지만, 저를 정말 슬프게 한 것은 그동안 어머니를 잘 돌봐 드리시 못했다는 후회였어요. 보통 부모가 병에 걸리면 자식이 간병을 하잖아요. 집에서든 병원에서든 정성을 다해 간병을 한 후에, 어쩔 수 없는 임종을 지켜보는 것이 도리라고 생각합니다. 그런데 갑자기 세상을 떠나셨어요. 아, 어머니의 간병을 하고 싶었는데…. 지금까지도 후회하고 있어요."

이시이 씨는 그때 일을 회상하며 눈시울을 붉혔다.

어머니를 잘 보살펴드리지 못했으니 다른 '누군가'의 간병을 해야겠다고 마음 먹었다. 그래서 히노마루 관광택시에 취직했던 것이다.

어머니에 이어 아버지마저 잃다

"처음에는 개호복지사업부에서 방문개호 일만 했습니다. 그런데 노약자분들을 병원까지 택시로 모시고 가는 일을 하고 싶어서 2종 보통 면허까지 취득했지요. 운전하는 걸 원래 좋아했던지라 제게는 정말 매력적인 일이었습니다. 그 와중에 아버지도 갑자기 세상을 뜨셨습니다. 어머니처럼 심장이 문제였어요. 어머니 때처럼 아무것도 못해 드린 채 떠나보낸 거지요. 주위 사람들에게서 이런 말도 종종 들었습니다. '정말 훌륭한 아버님, 어머님이시다'라는 말이요. 자식에게 부담을 주지 않고 세상을 떠나는 부모님이 좋은 부모님인양 비춰지는 모양이지요. 그렇지만 저는 아쉬움과 후회만 가득 품었지요. 그러다 보니 어느새 누군가를 간병해서라도 부모님께 지은 죄를 조금이라도 씻고 싶다는 생각을 강하게 가지게 되었습니다."

저자도 부모님을 간병해 본 적이 있다. 간병을 할 때 오히려 간병하는 내가 너무 지치고 스트레스를 받아 쓰러질 것 같기도 했다.

그로 인해 회사 근무를 계속할 수 없어 퇴사를 결정하기까지 했다. 신중하지 못한 처사라고 생각할지 모르지만, 오히려 그 덕에 어머니와 아버지가 연이어 돌아가신 뒤에야 한숨을 돌리고 안정을 찾을 수 있었던 것 같다.

이런 경험을 떠올리다 보니 저자는 '부모님에게 못 다한 간병을 다른 사람에게라도 하겠다'는 이시이 씨에게 고개를 숙인다. 나로서는 도저히 흉내낼 수 없는 일이기 때문이다.

'고맙다'는 한마디에 행복해하다

복지택시에는 '원내개조院內介助'라는 일이 있다. 노인이 병원에 갈 때 가족이 동행할 수 없는 경우 개호보험을 이용하여 통원을 도와주는 일이다.

누워서 생활할 수밖에 없는 노인일 경우, 우선 그 노인의 집으로 가서 기저귀를 갈아 드리고 옷도 갈아입혀 드린다. 그다음에는 노인을 침대에서 일으켜 휠체어에 태운다. 노인의 진찰권과 보험증도 가족에게서 받아 두어야 한다.

집에 도착했을 때 가족이 부재중이라면 노인의 얼굴을 닦아 드리거나 가벼운 식사를 할 수 있도록 도와드린다. 집 열쇠를 받아 문단속을 하는 것도 업무의 일부다.

병원에 도착하면 본인 대신 접수를 하고 대기실에서 함께 기다린다. 검사에도 함께 동행한다. 환자의 이름을 부르면 함께 진찰실로 들어가서 가족이 말해 준 노인의 병상을 의사에게 말한다. 가족들에게 전달하기 위해 의사의 진찰 내용을 꼼꼼하게 메모한다. 처방전과 약도 받아 챙긴다. 도중에 화장실에 함께 가서 용변을 도와주기도 한다. 그렇다. 가족과 똑같이 노인 곁에서 '함께' 있고 돌봐주는 것이다.

병원에서 대기하는 시간은 대개 너무 길다. 그러나 휠체어에 의지하는 노인이 장시간 앉아 있노라면 매우 고통스럽다. 앉는 데 필요한 복근과 배근이 많이 약해졌기 때문이다. 그래서 "엉덩이가 아프오!"라고 호소하는 노인들이 많다.

이 때문에 이시이 씨는 노인의 몸을 살짝 들어올려 각도를 바꿔 주곤 한다. 이는 같은 부분에 부담이 가지 않도록 하기 위한 것이다. 노인이 직접 몸을 들어 올릴 수 있다면 좌우로 엉덩이를 번갈아 가며 들어 올리도록 해 준다. 이는 오랜 경험으로 터득한 것이다. 그러나 모든 걸 도와주는 게 꼭 좋은 일은 아니라고 이시이 씨는 말한다.

"오늘 제가 병원에서 돌봐 드렸던 할머니께서는 자신의 몸에 손대는 걸 싫어하세요. '나는 스스로도 할 수 있다'는 자부심이 있는 거죠. 자동차에 태울 때도 끌어안아서 태우면 빨리 끝나지만, 이렇게 해서는 안 됩니다. 바로 손을 뻗어 도와드릴 수 있는 거리를 유지한 채 지켜봐야 해요. 그렇지만 웬만한 일이 생기지 않는 한 도와드리지 않습니다. '천천히 하셔도 좋으니까 넘어지시면 안돼요'라고 말하면 '그래 그래, 괜찮아'라고 대답하십니다."

무슨 일이 생길 경우 바로 대처할 수 있도록 그 할머니는 웰캡인 랙티스의 조수석에 타셨다고 한다.

"함께 할머니의 다리를 들어 올리면 바로 태울 수 있지만, 일부러 가만히 지켜만 봤습니다. 그러고 집까지 모셔다 드렸지요. 그랬더니 마지막에 할머니는 '고맙다'고 말씀해 주시더군요. 그 무엇보다 기쁜 순간이지요."

부모님의 간병을 제대로 하지 못했다는 죄책감 때문에 이시이 씨는 할머니를 직접 도와드리고 싶었다. 물론 능률이나 효율을 생각한다면 직접 도와드리는 편이 훨씬 좋다. 그렇지만 도와드릴 필요가 없다면 우선은 지켜보는 것이 가장 중요하다고 한다. 그리고 그렇게 '지켜보는 것'이야말로 상대를 위한 가장 큰 '배려'인 셈이다.

'앗! 항상 무표정하던 할아버지가 웃었어!'

모든 노인이 '고맙다'고 말해 주지는 않는다. 그런데 때로는 말보다 진심어린 표정으로 고마움을 표현하는 경우도 있다. 이시이 씨는 이런 추억담을 들려주었다.

누워서 생활할 수밖에 없는 70대 할아버지가 있었다. 그 할아버지는 식사도 스스로 하기 힘들어서 튜브를 통해 영양분을 섭취하고 있었다. 이전에 찾아뵈었을 때 침대에 누워 계신 할아버지를 일으켜 세워 휠체어에 타는 것을 도와드렸다. 할아버지는 항상 무표정하여 무슨 생각을 하시는지 전혀 알 수가 없었다. 이럴 때가 가장 난감하다고 한다. 기분이 어떠신지, 무엇을 원하시는지 같은 것은 의사 표현이나 얼굴 표정을 통해서는 유추할 수 없기 때문이다. 혹시 간병 방법이 잘못되어 몸 어딘가가 아프신 건가?

얼마 후, 두 번째로 할아버지의 집을 방문했을 때 이시이 씨는 다소 놀랐다고 한다.

'어라, 오늘은 할아버지의 표정이 좋은 것 같네?'

어디가 어떻다고 딱 꼬집어 말할 수는 없었지만, 그냥 그렇게 느꼈다. 굳이 말하자면 눈빛이 또렷해 보였다. 이시이 씨는 아무 생각 없이 이렇게 말했다.

"안녕하세요, 오늘은 표정이 너무 좋으시네요."

자신도 모르게 입에 발린 칭찬까지 했다.

"남자다운 면이 살아나신 거 같은데요? 호호."

이시이 씨는 할아버지의 건강한 모습을 보자 너무 기쁜 나머지 이렇게 말했다고 한다. 그러자 할아버지가 싱글벙

글 웃었다. 할머니가 그 광경을 보고 말했다.

"엇, 평소에 웃지도 않는 사람이 오늘은 웃네!"

할머니는 집에서 오랫동안 간병했지만, 할아버지가 웃은 걸 본 적이 한 번도 없다고 했다. 할아버지는 항상 무표정한 얼굴이셨다고 했다.

웰캡인 랙티스에 휠체어를 태운 뒤, 운전석 뒷좌석에는 할머니가 앉아 할아버지를 옆에서 보살필 수 있도록 했다. 병원까지 가는 동안 이시이 씨가 할머니와 이야기를 나누고 있었다. 그런데 할아버지가 갑자기 "킥킥"거리셨다. 두 사람의 이야기를 들으면서 웃으신 것이었다.

"이렇게 기뻤던 적이 없었습니다. 부모님이라는 생각으로 간병을 하고 있으면서도요. 그래서 마치 아버지와 어머니가 기뻐하는 듯한 기분이 들었어요!"

일하면서 고통스러울 때…

간병의 대상이 되는 고객은 대개 고령이면서 질병을 앓고 있는 사람이다. 이시이 씨는 자신이 간병을 하는 고객 모두가 늘 건강하기를 바라지만, 현실은 그렇지 못하다.

인공투석을 하기 위해 주 3회 병원에 통원하던 고객이 있었다. 간병 기간이 길어질수록 고객과는 더욱 친해지기 마련이다.

그런데 어느 날 이시이 씨 앞으로 전화 한 통이 걸려 왔다. 케어매니저였다.

"○○ 씨가 돌아가셨습니다. 이제 복지택시 서비스를 그만해도 될 것 같습니다."

간병 고객들이 개호보험을 이용하는 경우가 많다 보니, 케어매니저에게서 고객의 부고를 듣는 경우도 이렇듯 많은 편이다.

'병원에 모시고 갔을 때는 건강해 보였는데….'

고객은 심부전으로 갑자기 심장이 멈춰 돌아가셨다고 한다. 너무 안타까운 일이다. 이시이 씨는 그때 부모님의 일이 떠올라 마음이 너무 아팠다고 했다.

이시이 씨가 말했다.

"사실 저도 고객과 더 친해지고 싶어요. 하지만 친해지면 친해질수록 떠나보낼 때의 슬픔이 너무나 커집니다. 이때 너무 힘들어서 처음으로 일을 그만두고 싶었어요."

이시이 씨의 호소가 새로운 웰캡을 탄생시키다

고객을 매일같이 섬세하게 배려해야 하는 이시이 씨와 그녀의 동료들에게 웰캡의 렉티스는 실로 사용하기 편리한 자동차라고 한다. 복지택시는 도움을 주는 측과 도움을 받는 측 모두가 '안전'하고 '편리'해야 한다. 가령 휠체어에 탄 사람이 편리하더라도 간병을 하는 사람이 부담스럽다면 차를 타는 것이 고통스러워진다. 그 고통을 감수해야 하는 쪽은 가족 또는 택시 운전자다.

한 손으로도 손쉽게 슬로프를 넘어뜨려 설정을 할 수 있다는 것, 한 번의 버튼 조작으로 자동차 뒷부분이 자동으로 내려가는 것 등, 렉티스의 이러한 편리한 기능들 때문에 복지택시의 운전은 여성에게도 적합하다. 설령 손님의 체중이 100킬로그램이 넘더라도 운전자 혼자서 얼마든지 손쉽게 태울 수 있기 때문이다. 이러한 점은 복지택시 측이 부족한 간병 운전자를 늘리는 데에도 크게 기여를 하고 있다.

그러나 이시이 씨는 장애인을 대상으로 택시를 운전할 때 한 가지 불만이 있었다. 대표적으로 이런 경우다.

이시이 씨는 중환자인 고객을 병원으로 데리고 갈 때 먼저 고객을 침대에서 일으켜 휠체어에 태운다. 침실에서 자동차까지 가는 그 사이에도 고객의 몸에 부담이 덜 가게 하기 위해 휠체어의 등받이를 뒤로 젖히도록 설정한다. 최근에는 오랫동안 휠체어를 이용하는 사람을 위해 등받이를 뒤로 젖힐 수 있는 기능을 갖춘 휠체어가 점차 일반화되고 있다.

그런데 문제는 주차장까지 와서 휠체어를 복지택시에 태울 때다. 이때 등받이를 다시 세워야 한다. 랙티스는 소형 컴팩트카이기 때문에 등받이를 뒤로 젖히면 뒷문을 닫을 수 없다. 그러나 환자인 고객의 배근이 등받이가 다시 서면서 직각이 되면 고객은 고통스럽기 마련이다. 그래서 히노마루 관광택시는 몸을 일으키기 힘든 고객이 이동용 침대에 누운 채로 승차할 수 있는 웰캡의 하이아스Hiace를 사용하고 있다. 하지만 이 차량의 운행에는 비용이 많이 든다.

이시이 씨는 나카가와 씨가 회사를 방문했을 때, "이 문제를 해결한 자동차가 꼭 나왔으면 합니다"라고 호소했다.

2015년 7월, 이 문제를 말끔히 해결한 자동차가 나왔다.

신형 웰캡 차량인 '씨엔타Sienta'가 그 차다. 휠체어의 종류에 따라 차이는 있지만, 일반적으로 휠체어의 등받이를 수직 상태에서 35도 각도까지 젖힌 채 뒷문으로 승차가 가능하다. 이것이 씨엔타 타입 I 이다.

씨엔타 타입 II 는 놀랍게도 이동용 침대까지 태울 수 있다. 씨엔타야말로 복지택시 현장의 목소리를 반영해서 개발한 나카가와 씨의 최신작이다.

이시이 씨는 "훌륭합니다. 이런 자동차를 정말 기다리고 있었습니다"라며 기뻐했다. 히노마루 관광택시의 경영자인 니시야마 씨도 가동률이 낮은 웰캡의 하이아스를 씨엔타로 순차적으로 교체한다면 비용 측면에서도 부담이 없을 거라고 말한다.

씨엔타는 물론 복지택시 전용은 아니다. 일반 개인 가정이나 데이케어 서비스 시설에서도 구입할 수 있다. 간병에 종사하는 모든 사람들에게 도요타자동차의 최신작인 씨엔타는 정말이지 기쁜 소식이 아닐 수가 없다.

복지택시가 일반 택시의 평판을 올리다

히노마루 관광택시의 회장인 니시야마 씨에게 다시 한

번 물었다.

"왜 복지택시 사업에 역점을 두시나요? 돈을 많이 버는 건 기대할 수 없을 것 같은데요."

니시아마 회장은 솔직하게 대답해 주었다.

"물론 복지택시만 운영한다면 적자가 나겠지요. 그런데 말입니다, 이론적으로 설명하기 어렵지만, 복지택시 사업이 전체 매출에 끼치는 영향력이 있어요. 사실, 택시운전자들에게 '손님을 배려해 주세요'라고 교육을 해도 택시운전사들이 이를 쉽게 실천하지는 못하잖습니까? 그런데 60명의 복지택시 직원들은 홈헬퍼 자격증을 취득하고, 고객의 불편함에 적극적으로 대처하는 등 우리 회사의 고객 서비스 향상을 이끌고 있습니다. 고객을 배려하는 마음이 커지면 이에 대한 기술도 향상되기 마련이죠. 기술이 향상되면 자연스레 자기가 하는 일에 동기를 부여하게 되고, 아울러 보람도 느낄 수 있습니다. 이에 따라 일반 택시에 대한 평판도 덩달아 좋아지면서 회사의 전체 매출이 오르지요."

택시가 빈차로 거리를 달리는 일은 거의 없다. 사람들은 택시를 타고 싶으면 택시 회사에 전화를 건다. 이때 '평소에 좋은 이미지를 갖고 있던 택시 회사'에 전화를 걸기 마런이다. 즉, '서비스가 좋다'든지 '우리 할머니가 늘 복지택시의 신세를 지고 있으니까' 같은 이유들로 그 회사의 택시를 이용하는 것이다.

이렇게 점차 고객의 수요가 늘어나면 택시의 운행대수도 늘려야 한다. 현재는 규제 때문에 택시의 운행대수를 늘리기가 쉽지 않지만, 히노마루 관광택시가 52대의 택시를 보유하기까지 성장할 수 있었던 원동력은 오로지 '복지택시에 전념한 덕분'일 것이다.

끝으로 이시야마 회장은 이렇게 말했다.

"와쿠와쿠 회원에게는 할인이 적용되기 때문에 복지택시의 운임이 저렴합니다. 즉, 이윤이 낮은 편이지요. 그럼에도 불구하고 '일하는 보람'을 느낄 수 있는 직원이 모이는 회사가 될 수 있으면 좋겠습니다."

히노마루 관광택시는 복지택시 이용자를 대상으로 하루 코스의 관광여행상품도 서비스하고 있다. 소형 리프트가 달린 마이크로버스로 자택 한 집 한 집을 방문하여 손님들을 모신다. 봄에는 꽃구경, 6월 말에는 앵두 따기 체험, 그리고 가을에는 딸기 따기 체험…. 이시이 씨와 동료 운전자는 그날 자원봉사를 자청해서 휠체어에 탄 환자들을 돌본다. 물론 가족 단위로 서비스를 이용하기 때문에 병치레를 하고 있는 사람들에게는 둘도 없는 소중한 힐링 시간이 된다.

오랫동안 입원생활을 하고 있던 한 남성이 있었다. 그는 근위축성측색경화증을 앓고 있어 몸을 움직이기가 점점 힘들어졌다. 그 남성의 가족들은 그를 "꽃구경에 데려가고 싶어요"라고 말했다. 의사에게서 특별히 외출 허가도 받을 수 있었다. 그 남성은 거의 누워서 생활하기 때문에 웰캡의 하이아스에 이동용 침대를 태우는 식으로 출발하기로 했다.

가족 모두가 함께 벗나무 밑에 자리를 펴고 음식을 펼쳤다. 그 남성은 식사도 할 수 없었지만, 푸른 하늘 아래에서 가족들과 함께 햇볕을 맘껏 쬘 수 있어 행복하다고 말했다. 이렇듯 행복한 도움을 줄 수 있다는 것은 히노마루 관광택시에서 일하는 사람들에게 가장 큰 기쁨이다.

도요타의 웰캡 개발자인 나카가와 씨가 만든 자동차는 니가타 지역의 수많은 사람들을 행복하게 하고 있다. 아니, 간병을 필요로 하는 전국의 모든 사람들, 그리고 이와 관련된 일에 종사하는 사람들까지도 행복하게 할 것이 틀림없다.

제1장에서는 나카가와 씨가 도전한 '장벽'을 뛰어넘는 '일하는 기법'에 대해 설명했다. 아울러 나카가와 씨의 자동차 제작 업무를 지원하고 있는 복지택시에 대해서도 설명했다. 그런데 이와 견주어도 전혀 손색이 없는 커다란 '장벽'에 도전한 사람들이 또 있었다. 이는 '세계 최초'라는 타이틀에 도전하는 도요타자동차의 이야기이기 때문에 어디에서도 사례를 찾기 힘든 굴곡의 경험담이었다.

TOYOTA SPIRIT

고객의 요구에만 집중하지 말고,
현장을 관찰하여 스스로 가설을 세워라

2장

미래의 자동차인
'수소연료전지자동차(FCV)' 개발의 선구자들

'열정'이 사람을 움직인다

1. 고생 없이 '좋은 상품'을 만들 수는 없다

'미라이(미래)'를 통해
미래의 수소연료사회를 이끈다

2014년 12월, 도요타자동차는 '미라이MIRAI'를 출시했다. 미라이는 일반인에게 판매되는 세계 최초의 수소연료전지 자동차(FCV)였다. 그래서 첫해에는 700대의 소량 생산을 예정하고 있었다. 그런데 1개월 사이에 주문이 무려 1,500대나 쇄도했다.

1997년에 '21세기에 도착했습니다'라는 캐치카피와 함께 발매된 프리우스처럼 관공서와 지방자치단체로부터의 주문량이 많았다. 아베 신조 총리가 수소연료를 일본의 성장 전략 중 하나로 꼽았을 뿐만 아니라, 마스조에 요이치 도쿄도지사가 2020년 도쿄 올림픽·패럴림픽 개최 관련 에너지 정책의 일환으로서 '2025년까지 수소연료전지자동차를 10만 대 생산하고, 수소충전소를 도쿄에 80곳을 설치하겠다'는 발언에 힘입어 미라이의 판매 가운데 절반가량이 일반 고객이었다. 도요타자동차 제품 기획본부의 다나카 씨가 말했다.

"발매하기 전에는 '혹시 안 팔리지나 않을까?' 싶어서 심장이 두근거렸어요. 정말 감사할 따름이죠. 그런데, 지금은 주문을 하셔도 미라이를 인수하실 수 있는 시점은 2018년 이후가 될 것 같습니다. 정말 죄송합니다. 그래도 2016년에 2,000대, 2017년에는 3,000대 정도로 생산을 점차 확대하려고 합니다."

제2장에서는 다나카 씨가 미라이의 개발책임자로 부임하고부터 미라이 발매에 이르기까지, 격랑의 파도를 헤쳐 나간 3년의 시간을 쫓으며 '자동차 개발'에 대한 도요타의 '혼'을 파헤치고자 한다.

"발매도 하기 전에 랠리용 차를 준비하라고요?"

2014년 11월 1일과 2일에 아이치 현 신시로 시에서 전일본 랠리 선수권 제7전 '신시로 랠리'가 개최되었다. 그 첫날에 미라이는 '더블제로 카'로서 많은 관람객들 앞에 모습을 드러냈다. '더블제로 카'란 경기자가 주행하기 전에, 안전을 체크하기 위해 맨 앞에서 달리는 공식 자동차다.

그 자동차를 운전한 선수가 바로 모리조우였다. 모리조우는 랠리에 관심이 많은 사람들 사이에서 유명한 선수다. 아울러 도요타자동차의 사장인 도요타 아키오 씨가 레이싱 경기장에서 사용하는 닉네임이다.

어느 날 그 모리조우 선수가 미라이에 올라타 화려하게 출발한 뒤, 미라이의 개발자인 다나카 씨는 그가 결승선으로 무사히 돌아오기만을 기다렸다고 한다. 심장이 터질 듯이 조마조마해 하면서 말이다.

왜냐하면 그날은 강한 비바람이 몰아치고 있어 미끄러지는 자동차들이 많았기 때문이다. 심지어 완주는커녕 사고를 일으키는 자동차도 있었다. 그 와중에도 모리조우 선수는 전속력으로 달리고 있었다. 몰고 있는 차가 '더블제로

카'였는데도 말이다. 모리조우는 관객들의 "와!" 하는 함성
을 즐기기 위해서 그러는 것 같았다.

모리조우 선수는 실은 도요타자동차의 도요타 아키오
사장이다. 그가 국제 C급 자격증을 보유했다는 사실은, 자
동차마니아들 사이에서 잘 알려진 사실이다. 더군다나 경
주에도 참가한 경험이 있는 '자동차 광'이다. 그래서 '안전
확인 주행'이 목적이라는 것을 알면서도 자신도 모르게 액
셀을 힘 있게 밟았으리라.

이와 반대로 다나카 씨는 식은땀을 흘리고 있었다. 미라
이는 아직 출시되지 않은 자동차였기 때문이다. 심지어 기
자회견도 하지 않은 상태였다. 정확하게 말하자면 아직 미
라이라는 이름조차 공표되지 않았을 때였다. 그래서 당시
미라이는 '도요타 FCV'라는 이름으로 참가했다.

물론 이러한 우려 때문에 주행 테스트를 반복하기는 했
다. 하지만 본래 자동차가 발매되고 1년 이상 지난 후에 랠
리에 내보내는 것이 업계의 상식이다. 그런데 발매 전은 고
사하고 기자회견도 하기 전에 랠리에 데뷔시키는 전대미
문의 일을 벌인 것이다. 다나카 씨는 '만약에 무슨 일이라
도 생기면 어쩌지' 하는 마음에 조마조마하여 연신 식은땀

을 흘렸다. 아무리 테스트를 했더라도 어쨌든 랠리는 위험과 맞닿아있다. 무슨 일이 생길지 예측하기도 어렵다. 모리조우 선수가 타는 미라이도 운전석에 보강재가 장착되어 있었다. '보강재'란 랠리용 차량이 의무적으로 장착해야 하는, 차가 전복되거나 충돌했을 때 운전자를 보호하기 위해 차내에 설치된 굵은 파이프다. 그만큼 주행 때 위험을 감수해야 하는 것이다.

실은 이러한 이례적인 도전을 제안한 사람은 도요타 아키오 사장 자신이었다.

랠리가 시작되기 1년여 전이던 2013년 10월, 다나카 씨는 도요타 아키오 사장에게서 직접 지시를 받았다.

"아무리 안전하다고 말해도 사람들은 '수소연료자동차는 위험할 거다'라고 생각하기 마련이지요. 그러니 내가 직접 시승해서 안전하다는 걸 증명해 보이겠습니다. 안전하다는 것뿐만 아니라 '펀 투 드라이브fun to drive', 그러니까 즐겁게 운전할 수 있는 자동차가 세상에 나왔다는 것을 알려 줍시다. 랠리용 차를 준비해 두세요."

다나카 씨는 크게 놀랐다. 미라이는 아직 개발 중이었기 때문에 랠리용 차를 준비할 때가 아니었기 때문이다. 물론 발매할 날짜조차 잡히지 않았다.

이후 2014년 6월이 되어서야 'FCV 개발진척보고회'라는 기자회견을 개최함으로써 처음으로 '2014년도 중에 발매하겠습니다' 공표했다.

다나카 씨는 "알겠습니다"라고 대답했다.

사실 다나카 씨는 도요타자동차의 사장이 이렇게까지 FCV에 정성을 쏟고 있다는 걸 알게 되면서 너무도 기뻤다.

이런 사실을 가슴에 품고 다나카 씨는 개발에 전념했다.

'여유를 가지고 임하는 것'이 싫다

다나카 씨는 시가 현 야스 시 출신이다. '동탁銅鐸(종 모양의 청동기) 박물관'으로 불리는 역사민속박물관이 있고, 수많은 동탁이 발굴된 곳으로 알려진 역사적인 지역이다.

다나카 씨는 부모님이 맞벌이를 했기에 주로 할머니 손에 자랐다. 어렸을 때에는 스포츠를 잘했지만 마음이 약해서 따돌림을 받곤 했다고 한다. 그러나 초등학교 5~6학년 때부터 학급 반장을 도맡으며 중심적인 역할을 했다. 다나카 씨는 말했다.

"공부를 잘 했었냐 물으면, 그런 건 아니었습니다. 그저 책 읽는 걸 좋아했습니다. 초등학생 때는 야구를 했고요, 지역 수영대회에서 우승을 하기도 했습니다. 특별히 잘사는 집도 아니었어요. 지극히 평범했습니다."

그는 당시 지역 공립중학교에서 야구에 매진했기 때문에 학업 성적은 그리 좋지 못했다. 그런데도 선생님의 반대를 무릅쓰고 대학 진학률이 높은 제제(膳所) 고등학교에 지원해서 당당히 합격했다.

"사실 합격을 못할 경우에 대비해서 합격할 만한 두 곳에도 원서를 냈었어요. 한 곳은 대학 진학자가 비교적 많은 고등학교였고, 다 떨어질 것에 대비해서 일반 사립 고등학교에도 지원했었죠."

자신이 신중해서 그런 게 아니라 선생님과 부모님이 걱정해서라고 했다. 다나카 씨는 어떤 일을 하든 '여유를 가지고 임하는 것이 싫다'고 한다. 제제 고등학교에 지원할 당시에도 그는 자신의 성적으로는 무모한 도전임을 알고 있었다. 하지만 이 '무모한 도전정신'이 그 이후의 인생에서 힘이 되어 줄 것이라는 사실을 당시에는 전혀 알지 못했다.

도요타자동차에 입사한 이유

다나카 씨는 고등학교 입학 후부터 럭비에 빠져 살았다. "성적은 중하위권에도 미치지 못했습니다"라고 다나카 씨는 말했다. 이과였지만 성향 분석에서는 '이과와 문과를 모두 갖춤'이라는 결과가 나왔다. 자신은 논리적이라고 생각하고서 이야기를 하면, 상대는 감정적으로 받아들이는 경우가 많았다.

다나카 씨는 고등학교를 졸업한 후 고베 대학교에 지원했지만 낙방했다. 이 또한 '무모한 도전' 중 하나였을지 모른다. 그는 재수할 때 나쓰메 소세키와 무샤노고지 사네아츠의 소설을 많이 읽었다고 한다. 책에 빠져 있었어도 교토 대학교 공학부에 당당히 합격했다. 재수 시절에 읽었던 유카와 히데키(湯川秀樹, 1949년 노벨 물리학상 수상자)의 전기에 영향을 받아 교토 대학교를 동경하게 되면서 계획을 바꿔 이 대학교에 지원했던 것이다.

대학교와 대학원에서는 전열電熱을 연구했다. 그러나 오로지 공부만 한 것은 아니었다. 아르바이트를 했고, 친구들과 자주 놀러도 다녔다. 그만큼 지극히 평범한 학생이었다.

단 하나, 부모님이 사 주신 자동차를 타고 다녔던 경험이 그의 인생에 커다란 영향을 주었다. 다나카 씨가 말했다.

"제가 연구했던 분야를 생각하면 철도나 전기 관련 회사를 선택할 수도 있었습니다. 하지만 저는 도요타자동차에 취업을 했어요. 자동차가 정말 좋았으니까요. 그리고 당시 부모님이 사 주신 카리나Carina를 타고 다니면서부터 도요타의 자동차를 좋아하게 되었죠."

노동조합에서 시야를 넓히다

도요타자동차에 취직한 후 4년 동안 다나카 씨는 오토매틱 관련 부품(유닛) 개발 부서에 소속되었다. 그 부서에서의 업무는 CVT라는 벨트로 변속을 하는 무단변속기를 개발하는 것이었다. 입사 3년 뒤 결혼을 했으나, 항상 잔업 시간이 톱top 5에 들어갈 정도로 일에 파묻혀 지냈기 때문에 가족여행을 간 기억이 거의 없다고 한다.

그 후 1년 동안 컨버터를 개발했던 다나카 씨는, 29세 때 노동조합의 전임자가 되었다. 이곳에서의 경험이 나중에 다나카 씨의 일에 커다란 영향을 미치게 된다.

"처음에는 내가 왜 노동조합에 가야 하나 생각했죠. 하지만 '지금 일하고 있는 직장에서 나를 소중하게 생각한다면 나를 키워 주는 거겠지'라고 생각을 고쳐먹었지요. 돌아보면 노동조합에 가기를 정말 잘했어요. 제 시야가 넓어졌거든요. 사무직, 기술직 등 다양한 부서의 사람들이 노동조합으로 모여듭니다. 특히 공장 같은 제조 현장에서 온 사람들이 가장 많았죠."

제조 현장의 사람과 사이가 좋아지면서 격식 없이 대화할 기회가 늘었다고 한다. 그때까지 부품만 만들던 다나카 씨는 마치 미지의 세계를 몰래 들여다보는 것 같았다고 했다. 다나카 씨는 당시를 회상하며 말했다.

"노동조합 당시의 경험 덕분에 뛰어난 제조 현장을 비로소 이해하게 되었습니다."

다나카 씨의 이 경험이 훗날 미라이 개발 프로젝트에 커다란 영향을 주게 된다.

PHV에서 FCV로

노동조합에 있던 다나카 씨는 다시 오토매틱 트랜스미션을 개발하는 부서로 발령을 받았다. 여기에서 초대 비츠VITZ의 신형 4AT를 개발했다. 이후 그가 43세 때였던 2008년에 플러그인하이브리드(PHV) 개발에 참여했다. 그리고 이듬해인 2009년, TV 광고를 통해 충전 프리우스로 잘 알려진 '프리우스 PHV'의 개발책임자로서 제품 기획을 담당했다.

제품 기획은 부품과는 달리 자동차 전체를 기획하는 일이다. '제품 기획' 부서에는 대체로 자동차의 외형 설계 출신자들이 많다. 다나카 씨와 같은 부품(유닛) 출신은 극히 드물었다. 다나카 씨는 그만큼 당혹스러울 수 밖에 없었다.

그러나 본래 '무모한 도전'을 즐기는 다나카 씨의 성향이 여기에서도 빛을 발하기 시작했다. 특히 노동조합에 있을 당시 제조 현장 사람들을 비롯한 다양한 부서의 사람들과 한솥밥을 먹은 경험이 많은 도움이 되었다.

프리우스 PHV는 발매와 동시에 고객들의 뜨거운 관심

을 받았다. 다나카 씨는 '고생을 감수하면서 스스로의 한계를 깨며 완성한 차량'이라 성취감을 느낄 수 있었다고 한다. 마침 그 무렵에 도쿄 모터쇼에서 수소연료전지자동차(FCV)의 콘셉트 모델이 발표되었다. 다나카 씨는 그 광경을 보고 "조만간 수소연료전지자동차의 시대가 열리겠군. 수소연료전지와 관련된 사람들은 이제 더 열심히 해야겠네"라고 생각했기에 그저 남의 일로 여겼다고 한다.

그런데, 2011년 12월, 다나카 씨는 거짓말처럼 FCV 개발팀의 리더로 발령을 받았다.

도요타가 적자이던 시기,
그 과혹한 출범

사실 도요타의 수소연료전지자동차 개발은 버블 붕괴가 한창이던 1992년부터 시작되었다. 2002년 12월, 세계 최초로 미국과 일본에서 제한적으로 리스 사업이 가동되었다. 그 후 여러 차례의 개량 과정을 거쳐 2008년에는 항속거리와 영하 날씨에서의 시동력을 대폭 향상시킨 '도요타

FCHV-adv' 모델을 개발했다. 그러나 모두 리스를 대상으로 한 모델이었고, 생산 대수도 100대 정도로 극히 소량에 불과했다.

다나카 씨에게 부여된 사명은 세계 최초로 일반용 대량 생산 수소연료전지 차량을 개발하는 것이었다. 그러나 '시기'가 좋지 않았다. 당시 도요타는 리먼 사태의 영향으로 단독결산에서 4기 연속 적자를 기록하고 있었기 때문이다. 당연히 회사는 전사적으로 긴축재정에 돌입한 상태였다. 저자는 도요타자동차의 세력권이라고 할 수 있는 나고야에 살고 있다. 그러다 보니 당시에는 택시를 탈 때마다 기사들에게서 "도요타 직원들이 사용하는 '택시 티켓'이 없어져서 먹고 살기가 너무 힘들어졌어요"라는 말을 늘 들었다.

당시 다나카 씨는 기획서를 마무리하고 있었다. 기획안의 내용은 700대의 시판용 자동차를 제작하는 것이었다. 즉, 시제품 제작비와 개발비 등을 모두 합쳐 수백억 엔에 달하는 기획이었다. 사실 도요타자동차는 수소연료전지자동차 개발을 단 한 번도 포기한 적이 없었다. 그러나 경기가 너무 좋지 않았다. 물론 이런 유형의 대규모 프로젝트는 본래 탑다운 형식으로 추진하는 게 좋을지 모른다. 대의명분으로 전체를 하나로 묶어 앞으로 나아갈 수 있기 때문이다.

그런데, 다나카 씨의 기획서에 대한 임원 회의의 결과는 '이런 큰돈을 쓸 수 없다'였다.

예산 목표를 3분의 1로 줄여라!

다나카 씨는 커다란 '장벽'에 부딪쳤다.

'예산 목표를 3분의 1로 줄여라!'

이 목표를 달성하기 위해 어떻게든 방법을 찾아보라는 지시를 받았다. 극복하기 버거운 장벽이었다. 그러나 같은 시기에 임원 회의에서 FCV에 대한 다음과 같은 세 가지 방안이 정해졌다.

첫째, "무슨 일이 있어도 도요타는 세계 최초로 수소연료전지자동차를 만들어낸다."

둘째, "예산 목표를 3분의 1로 잡고, 이를 실현하기 위해 모두가 지혜를 모아 개발에 임한다."

셋째, "판매에도 힘을 모아 적극적으로 도전한다."

결과적으로, 이는 완전히 새로운 제품을 만드는 셈이었다. 바꿔 말하면 새로운 시장을 개척한다는 뜻이었다. 즉, 판매에도 이전과는 다른 새로운 방식을 적용해야 함을 의미한다.

다나카 씨의 도전이 본격적으로 시작되었다.

알아주기를 바란다면 '열정'을 발휘하라

FCV를 상품화하는 것은 회사 방침이다. 저자는 이 뜻이 "사장과 담당 임원의 강력한 지지를 받은 뒤 직원들에게 '협력을 부탁드립니다'라고 말하면 모든 구성원이 한 마음이 되어 돌진하는 상황"을 떠올렸다.

그러나 조직의 현실은 그렇지 않다고 한다. 다나카 씨는 이에 대해 이렇게 말한다.

"가령 부사장이 '예산을 3분의 1로 하기 위해 모두 협력해 주기 바란다'는 지시서를 각 부서에 보내더라도 말이죠, 그렇게 움직이지 않습니다. '윗선의 지지를 받아 여기까지 왔는데, 이게 한계구나' 하고 끝나는 거지요."

어느 부서가 "개발을 위해 이 부분의 비용을 조금 줄일 수 없을까요?"라는 말을 환영하겠는가.

대부분 "왜 오셨나요?"라고 시큰둥하게 말한다. 그래서 프로젝트에 대해 처음부터 설명하고 예산 목표를 3분의 1로 줄이기 위해 협력을 부탁한다고 말하면 "그게 가능하겠어요?"라는 반문이 돌아온다. 물론 "앗, 다나카 씨 오셨군요~"라며 환영해 주는 부서도 있다. 하지만 어디까지나 형식적인 응대일 뿐, 실제로 움직여 주지는 않는다.

"온갖 부서를 모두 다 돌아다녔습니다. 부품을 매입하는 조달부, 생산기술관리부, 외형 설계, 샤시 설계, 내장·외장의 디자이너 등…. 몇십 곳을 돌아다니면서 몇 번이고 반복해서 설명하고, 설득하고, 부탁하면서 이해를 구했습니다."

이에 저자가 물었다.

"어떻게 사람의 마음을 움직이게 만들었나요?"

다나카 씨가 대답했다.

"열정이죠. 성심성의껏 설명하는 길밖에는 없습니다."

혁신적인 제안!
네 번의 공정을 한 번으로 줄이다

다나카 씨의 '열정'에 반한 여러 부서가 "협력하겠다"고
연락해 왔다. 그중 하나를 소개한다.

자동차의 바디body 부분은 오목한 형상과 볼록한 형상의
금형 사이에 철판을 넣고 프레스하여 제조를 한다. 그 이후
에 구부리고, 짓누르고, 잘라내는 등 총 네 번의 공정을 거
쳐 한 장의 철판이 자동차 바디로 변신하게 된다.

어느 날 생산 기술 부문으로부터 연락을 받았다.

"네 번의 공정을 한 번으로 줄여 보겠습니다."

이렇게 하면 비용을 대폭 절감할 수 있는 건 물론, 가히
'혁명적인 작업'이 이루어질 것이다. 이는 FCV 프로젝트 완
수에 필요한 비용을 3분의 1로 줄이기 위한 도전의 일환이
었다. 한편으로는 도요타 전체의 '새로운 제조 방법에 대한
도전'이기도 했다.

실제로 '네 번의 공정을 한 번으로 줄이자'는 아이디어는
다른 차들을 제조하는 데도 활용되었다. 이는 도요타 전체
의 비용 절감에도 기여했다.

작은 '생각'이 큰 성과를 만든다,
'콘솔 박스와 물류'

깜짝 놀랄만한 멋진 아이디어도 나왔다. 운전석과 조수석 사이에 센터콘솔이라는 박스에 관한 것이었다. 센터콘솔은 뚜껑을 여는 형식의 수납 박스다. 이 제품은 외부의 제조업체가 완성품 형태의 '상자'로 만든 뒤 납품하는 바, 도요타 공장에서는 이를 그대로 부착한다.

그런데, 설계 단계에서 아이디어를 냈다. 한 장의 판에 자르고 접는 선을 만들고, 그것을 공장에서 접고 잘라서 '상자'를 조립하도록 했다. 이렇게 함으로써 '물류' 측면에서 대폭적인 비용 절감 효과를 볼 수 있었다. 무엇보다 안이 텅 빈 '상자'를 운반하는 대신 '판 한 장'을 운반하게 되었기 때문에 부피가 줄어들어서 운송 트럭 대수도 크게 줄일 수 있게 되었다. 이것이야말로 작은 '생각'이 큰 '성과'로 이어진 사례다. 물론 이것 역시 다른 자동차를 제조할 때도 적용할 수 있는 아이디어다.

이렇듯 다양한 부서의 힘을 결집해서 예산 목표를 크게 줄일 수 있었다. 그러나 당초의 3분의 2까지가 한계였다.

그렇지만 전사적인 노력을 인정받을 수 있었기에 FCV에
대한 개발 승인이 2013년 2월에 정식으로 떨어졌다.

'도전정신'에서 비롯되는
커다란 부산물

왜 전 세계의 자동차업체들이 자동차 랠리에 자사의
자동차를 참가시킬까? 그 이유는 큰 장점 때문이다.

하나는 자사 제품의 홍보 효과다. 유명한 랠리에는 팬도
많기 때문에 우승을 할 경우 아주 굉장한 홍보 효과를 기
대할 수 있다. 그리고 또 하나, 극한에 이르는 스피드와 치
열한 상황에서의 '주행'을 실현하기 위해 개발한 데이터와
노하우는, 시판용 자동차의 성능을 향상시키는 데에도 광
범위하게 활용할 수 있다.

즉, 터무니없어 보이는 '도전'으로 생각되는 것이 예상 밖
의 부산물을 만들어 내는 것이다. 문득 니노미야 다카노리가
남긴 명언이 생각났다.

"멀리까지 내다보는 사람은 부를 얻고, 눈앞의 것만 보

는 사람은 가난하다."

도요타라는 회사는 눈앞의 이익만을 추구하지 않고 세
상의 미래를 내다봤기에 수소자동차의 개발에 몸을 던졌
다. 전형적으로 '먼 곳'을 바라보는 경영이다. 결코 기대한
것은 아니지만 험난한 '장벽'을 뛰어넘는 과정에서 '기대하
지 않았던' 기술과 '예기치 못한' 아이디어를 만들어 냈다.
'단순한 부산물'이라 말할 수 없는 것이다. '하늘이 내리신
선물'이라고 부르는 것이 적절하리라.

"디자인이 아주 형편없지요"

미라이를 앞에 두고 다나카 씨는 이렇게 말했다.
"디자인이 아주 형편없지요."
저자에게 동의하라는 듯해서 적잖게 당황했다. 결코 디
자인이 나쁘다고 생각하지 않았기 때문이다.
"아뇨, 멋있습니다. 프리우스를 처음 봤을 때처럼 '새롭
다!' 싶네요."
그러자 다나카 씨가 이야기했다.

"사실 미라이의 높이는 1,535밀리미터입니다. 일반적인 세단 자동차보다 70밀리미터 정도가 높은 거지요. 하지만 이러한 '높은 자동차'는 요즘 트렌드에 결코 맞지 않습니다. 어떻게 하면 더 멋있는 자동차를 만들지 고민하는 것에 '아이디어'가 숨어 있습니다."

미라이는 어딘가에 연료전지를 탑재해야 한다. 연료전지는 운전석 밑에, 수소탱크는 뒷좌석 밑과 등받이 뒤쪽에 각각 2개씩 들어간다. 이것이 차가 높아진 이유다.

당초 '수소 자동차'이기 때문에 말 그대로 수소탱크를 형상화한 디자인으로 하자는 안이 제기되었다. 하지만, 만약 그렇게 만든다면 어느 누구도 타고 싶지 않을 것이다. 그래서 어떤 자동차로 만들지를 처음부터 다시 생각하는 '차량 콘셉트 설정' 단계로 되돌아갔다고 한다. 그래서 나온 컨셉 슬로건이 'H2 Pioneer for the Next Century'였다. '다음 100년을 내다보고, 수소연료 사회 실현의 선구자가 될 자동차를 만든다'는 뜻이었다. 그리고 '아직까지 없었던 새로운 가치를 부여하자'는 의미이기도 했다.

따라서 이 자동차에는 보다 선진적인, 멋있는 디자인이 필요했다.

도요타자동차는 이를 위한 '아이디어'를 생각해냈다.

그러니까 멋있어 보이기 위한 추가 디자인을 요소요소에 배치하는 것이었다. '미라이'는 측면에서 보면 보닛bonnet (엔진 덮개) 부분에 검은색 선이 있다. 이 한줄기 선 때문에 차 높이가 낮아 보인다. 멋있어 보이도록 디자인하려고 이렇듯 시각 효과를 이용한 것이다.

검은색 선 끝부분에 도어밀러가 있다. 이 도어밀러 일부에도 검은색 선을 그었다. 이로써 검은색 선이 조금 더 길게 보였다. 이러한 부분들이 사소해 보일지 모르지만, 이 추가 디자인을 통해 자동차는 더 멋있어질 수 있다.

신형 수소연료전지자동차 '미라이' (사진 제공 : 도요타자동차주식회사)

도요타의 '진정성'을 어필하다

2012년에 도요타, 닛산, 혼다는 정부 행정부서의 주도 하에 각 사가 협력하기로 선언했다. 2015년을 목표로 수소 인프라를 구축하고, FCV 차량을 대량 생산하기 위함이라 고 했다. 하지만 현실적으로 2015년에 발매가 가능한 회사 는 도요타밖에 없었다.

따라서 도요타로서는 FCV를 발매할 의지가 정말 있다 는 사실을 '진정성' 있게 어필할 필요가 있었다. 왜냐하면 수소충전소 등 수소연료차 관련 인프라 구축은, 정부의 행 정력에 상당히 의지해야 하기 때문이다.

'미라이'는 가솔린이 필요 없는 환경친화적 자동차다. 하 지만 수소가 없으면 움직이지 못한다. 따라서 이 수소충전 소를 만들려면 여러 회사들이 협력해 수소 인프라를 구축 해야 한다. 아울러 대규모의 설비 투자도 수반되어야 한다.

하지만, '언제 완성될지 모르는 불완전한 제품'을 위해서 예산을 편성하기는 어렵다. 그래서 발매하기 약 1년 전부 터 전략적으로 '미라이'를 위한 개발 상황을 언론에 연이어 공개했었다.

미라이의 대량 생산에 돌입하기 전인 2013년 10월, 미라이의 시작차(prototype) 시승회를 개최했다. 아직 최종 확정된 디자인으로 외형을 완성시킨 것이 아닌, 기존 자동차의 외형을 잘라붙인 것이었다. 그래서 전체적으로 덩굴무늬처럼 테이프를 붙인 자동차에 불과했다.

최종 결정된 외형디자인은 2013년 11월에 열린 도쿄모터쇼에서 발표되었다.

2014년에는 도쿄의 자동차 관련 테마파크인 도요타 메가웹MEGA WEB에서 개발진척보고회를 개최했다. 국내외 800명의 언론 관계자가 모인 대대적인 행사였다. 이때 도요타는 '2014년도에 미라이를 발매할 것'과 미라이의 가격은 '대략 700만 엔 정도가 될 것'이라고 발표했다.

도요타가 '진정성'을 세상에 어필할수록 다나카 씨가 받는 압박도 커졌다. 물론 이런 것이 필요하다지만, 다나카 씨를 포함한 개발팀은 '부담'스러웠다. 지금 개발이 어느 단계까지 왔는지는 상관없이 '우선 매듭을 짓고 기자 발표를 위한 성과를 정리해야' 했기 때문이다. 이는 지금까지의 자동차 개발 과정에는 없던, 극히 이례적인 일이었다.

2014년 11월 1일, 앞서 언급했던 전일본 랠리 선수권 제7전 '신시로 랠리'의 날이 다가왔다. 미라이를 발매하기 2주 전이었다.

빗속에 우산들이 즐비했다. 다나카 씨가 조마조마하게 지켜보는 가운데 모리조우 선수가 무사히 결승선을 통과했다. 그 순간 다나카 씨는 울음을 참았다.

자동차 이름인 '미라이'에 관한 비화

미라이의 이름은 원래 '미라이'가 아니었다고 한다. 저자가 "그럼 뭐였나요?"라고 수차례 질문했지만, 다나카 씨는 "그것만은 묻지 말아 주세요"라며 피했다. 잘은 모르지만 '프리우스'와 같이 외국어 이름이었던 것 같다.

새로운 자동차의 이름을 결정하는 것은 사장의 결재 사안이라고 한다. '미라이'라는 이름의 최종 결재만 남은 상황에서 도요타 아키오 사장이 물었다.

"모두가 함께 정한 이름이니 사인은 하겠습니다. 그런데 이 이름이 정말 최선인가요?"

이름을 붙일 때에는 타이밍이 중요하다. 인쇄물 하나를 만들더라도 준비하는 데 시간이 걸리기 때문이다. 이때는 이미 최종 기한을 1개월이나 넘겼을 때였다.

10개의 이름 후보 가운데 최종적으로 결정된 것이 '미라이'였다. 미래未來를 일본어로 발음한 이름이었지만, 세계 공통으로 이 자동차 이름을 사용하기로 결정되었다.

'미라이'라는 이름에 담긴 '혼'을 해설하는 데 긴 이야기가 필요하지는 않을 것 같다. 수소연료로 지구 환경을 지키겠다는 의지, 그리고 새로운 시대에 대한 도전과 희망을 누구나 느낄 수 있기 때문이다.

모두가 기분 좋게 일할 수 있도록 한다

다나카 씨에게 '제품을 만들 때 가장 중요한 것'이 무엇이냐고 물었다. 그러자 다나카 씨의 대답은 이러했다.

"모두가 기분 좋게 일하는 거죠."

다나카 씨의 직함은 제조기획본부 주임기술자다. 즉, 프로젝트 책임자다. 더군다나 회사의 미래를 이끌어 갈 자동차인 '미라이' 관련 프로젝트를 책임지고 있다.

그러나 다나카 씨는 결코 '위에서 누르듯' 지시하지 않는다. 각 부서 사람들과 대등하게 이야기하려고 애를 써 왔다. 책임자이기에 직접 앞장서서 이끌어야 한다. 그러나, 혼자서만 이끌려고 한다면 사람들을 움직일 수 없다. 프로젝트를 진행할 때에는 여러 직원들의 협력을 받아야 한다.

그래서 다나카 씨는 다양한 부서에 속한 직원들이 각자의 능력을 100퍼센트 발휘할 수 있도록 '통합하는 역할'을 수행하기 위해 노력했다고 한다.

다나카 씨가 늘 마음에 깊이 새기고 명심하는 것이 있다. 바로 자신의 '판단 축'을 명확히 하는 것이다. 만약 이를 정해 놓지 않으면 여러 부서와 협의하는 과정에서 자신의 생각이 흔들릴 수 있기 때문이다. 이 '판단 축'이 정해져 있으면 다른 의견이 나오더라도 몇 번이고 조율을 시도함으로써 더 나은 방향으로 이끌 수 있다. 다나카 씨는 말한다.

"저는 각 매장의 매니저들과 직원들의 이야기를 듣기 위해 직접 찾아가곤 합니다. 그들의 이야기를 듣다 보면 다음에 어떻게 개선해야 할지에 대한 힌트를 얻을 수 있거든요."

저자는 처음에 다나카 씨가 자아가 아주 강한 인물일 거라고 생각했었다. 세계 최초의 프로젝트를 책임지는 리더이기 때문이다. 그런데 '겸허'한 그의 인품을 접하고 나니 머리가 절로 숙여졌다. 이러한 면 때문에 도요타의 동료들도 협력을 아끼지 않았을 것이다. 확실히 '미라이'는 도요타 직원 모두가 함께 이루어 낸 결정체임이 틀림없다.

고생했어도 "고생했다"고 말하지 않는다

다나카 씨의 입에서 나온 '명언'을 하나 더 소개한다.

다나카 씨와 이야기를 하던 중 저자가 "고생이 정말 많으셨겠어요"라고 말하자, 그가 말했다.

"고생한 것은 맞지만, 굳이 '고생했다'고 말하고 싶지는 않습니다."

이때 저자는 그에게서 '일하는 사람의 긍지' 같은 것을 느낄 수 있었다. 다나카 씨는 계속해서 이렇게 말했다.

"저는 이런 프로젝트를 맡을 수 있어서 너무 행복합니다. '힘들지 않았고 고생하지도 않았다'고 말한다면 그건 거짓말일 겁니다. 하지만, 새로운 일에 도전하는 것은 언제나

힘들기 마련이죠. 새로운 일을 시도하는 것은 험난한 '장벽'
이 많다는 것을 의미하거든요. 장벽이 있으면 있을수록, 그
것을 뛰어넘었을 때에 훨씬 더 좋은 자동차를 만들 수 있
습니다. 고생하지 않으면 '좋은 제품'도 없지요."

미라이는 수소연료사회를 이끄는 '견인차'다

수소는 어디에나 있다. 우리 눈앞에 무한히 존재한다. 그
리고 배출하는 건 물밖에 없는 깨끗한 에너지원이다. 아직
거의 활용되지 않지만, 그 활용 가능성은 무한하다.

그러나 가솔린이나 석탄 같은 화석 연료에 비해 수소는
코스트 퍼포먼스cost performance(성능 대비 가격비)가 좋지 않
았다. 그래서 이 문제를 해결하는 것이 커다란 과제였다.
또한 '수소는 위험하지 않은가?' 같은 부정적인 이미지가
수소 연료 보급의 걸림돌이 되었다.

이러한 상황에서 도요타가 '미라이'의 시판차를 판매함
으로써 수소연료사회 건설에는 가속도가 붙었다. 이에 대
해 다나카 씨가 말했다.

"일례로 후쿠오카 시에서는 하수 침전물로 수소를 만들자는 구상이 3년 정도 전부터 있었습니다. 2014년 7월에 하수처리시설이 착공되어 2015년 3월에 완공했고, 하루에 약 '3,000킬로그램'의 수소를 제조할 수 있게 되었습니다. 이는 '미라이 65대'에 가득 채울 수 있는 분량입니다. 이렇듯 전례가 없는 도전들은 틀림없이 '미라이'의 발매와 관련된 것입니다. 이외에도 풍력발전으로 수소를 만들겠다는 계획도 있습니다. 오스트레일리아에서는 갈탄으로 수소를 제조하려는 시도도 있었습니다. '미라이'의 발매로 수소와 관련된 다양한 프로젝트가 함께 움직이고 있는 것입니다. '미라이'가 앞으로 도래할 수소연료사회의 견인차 역할을 하길 바랍니다."

자동차는 생활필수품이다. 그만큼 우리에게는 가장 익숙한 기계다. 수소로 움직이는 자동차가 현실이 된 지금, 틀림없이 수소도 '가장 익숙한 에너지원'이 될 것이다. 이미 폐식용유로 수소를 발생시켜 전력을 생산하려는 연구도 진행되고 있다. 다나카 씨는 이렇게 끝을 맺었다.

"미라이는 수소연료사회를 견인할 겁니다. 이는 꼭 자동차만을 이야기하는 게 아니에요. 모든 업계가 '수소로 혁신을 이루어내자'는 제 호소를 담은 것이기도 합니다."

도요타는 수소연료전지자동차에 관한 특허를 모두 무상으로 공개했다. 10여 년 후, 미래의 우리들은 생활 속에서 익숙해진 수소연료를 앞에 두고, "그때 '미라이'라는 자동차가 수소연료 사회의 시작이었지…"라는 말을 하리라.

이렇듯 '미라이'는 수소로 움직인다.

그런데, 저자는 화학에 대한 기초 상식이 없다 보니 작은 의문들을 계속 떠올렸다.

'도대체 수소는 누가 만들고 있지?'

'어디에서 팔고 있지?'

'혹시 위험하지는 않을까?'

다음에서 이러한 의문을 하나하나 풀어 나가고자 한다. 거기에는 '수소연료사회를 창조하고자 하는' 다나카 씨처럼, 아니 그의 비전을 뛰어넘는 장기적인 비전을 가지고 수소 연료 개발에 종사하고 있는 사람들이 있었다.

2. 부여받은 과제에서 '도망가지 않는다'

'수소충전소' 건설이라는 난제에 도전하다

예전 한 석유회사의 광고에 이런 장면이 있었다. 어느 시골길에서 두 젊은이가 자동차를 밀고 있다. 차가 고장났나? 이때 마지막에 카피 하나가 화면을 채운다.

'자동차는 가솔린으로 움직입니다'

시청자는 그제야 연료가 바닥났음을 알게 된다.

우리는 오랫동안 자동차가 가솔린으로 움직인다는 사실에 대해 아무런 의문을 갖지 않았다. 천연가스 역시 석유와 마찬가지로 천연자원에 의한 1차 에너지다.

2014년 11월, 도요타자동차가 '미라이'를 발매했다. 세계 최초로 일반인을 대상으로 발매되는 FCV다.

이 자동차는 '수소차'라고도 불린다. 자동차가 수소로 움직인다니! 인류 역사의 큰 이정표가 될 만한 일이다. '미라이'는 수소 없이는 움직이지 못한다. 그런데 정작 그 '수소'에 대해 아는 건 거의 전무하다.

마침 그때 '일본 각지에서 100개의 수소 충전소 건설이 진행되고 있다'는 뉴스를 접했다.

'그래, 주유소처럼 수소를 파는 장소도 필요한데…. 도대체 누가 만들고 있는 것일까?'

'세계 최초라고? 그런데 그런 기술을 가진 회사가 일본에 있었단 말인가?'

너무 이상했다.

한 대의 자동차는 수많은 사람들의 고생의 산물이다. 이 책은 도요타가 만드는 자동차와 관련된 다양한 부서와 회사에서 일하는 개척자들의 알려지지 않은 모습을 취재한 결과물이다. 그런데 부끄럽게도 저자는 그중에 가솔린과 수소 같은 연료와 관련된 이들도 있음을 잊고 있었다.

취재를 위한 상담에 응해 주었던 도요타 직원에게 이런 이야기를 했다. 그 직원은 이런 조언을 했다.

"연료와 관련된 거라면 이와타니산업이 제격입니다."

산업계에서 '수소' 하면 '이와타니'라고 한다.

이 장에서는 주식회사 이와타니산업의 상무집행임원이면서 '수소에너지 부장'이라는 직함을 가진 미야자키 준(宮崎淳) 씨의 '수소 충전소' 개발 비화를 소개하겠다. 이 이야기에는 70여 년에 이르는 이와타니산업의 알려지지 않은 장대한 '꿈'이 숨어 있다.

아니, 1941년부터 '수소'를 팔았다고!?

이와타니산업이라고 하면 누구나 가정용 가스레인지나 가스난방기구를 떠올릴 것이다. 특히 '카세트 후'라는 가스버너는 많은 사람들이 사용하는 이와타니산업의 대표 상품이다. '카세트 후'로 많은 이들이 바비큐나 냄비요리를 해 먹기 때문이다. 또한 2011년의 동일본대지진 이후 많은 가정이 이와타니산업의 방재용 제품인 소형 가스통을 구비하기도 했다. 비상 발전기를 돌리기 위해서 말이다. 이런 사실들 때문에 '이와타니산업은 가스 관련 물건을 만드는 회사인가 보다'라고 생각하리라.

사실 이와타니산업은 LP가스 관련 제품을 생산하거나 가공하는 업계들 중에서 시장점유율 5위를 차지하고 있다. 아울러 소매업자 중에서는 LP가스 판매량 1위를 자랑하는 기업이다. 또한 공업가스와 고압가스의 공급 설비 같은 산업가스 사업과 더불어 기계 관련 사업까지 하고 있다. 매출은 약 6919억 엔(2015년 3월 연결결산), 265개의 그룹사와 약 1만 1,000명의 그룹 전체 직원을 보유한 대기업이다.

이와타니산업은 1930년에 이와타니 나오지(岩谷直治)가 산소와 용접봉, 카바이드를 판매하기 위해 세운 개인 상점으로 시작했다. 그 후 일본이 태평양전쟁을 시작하는 1941년부터 수소를 판매하기 시작했다. 액체 상태의 기름에 수소를 첨가하면 상온에서 고체로 변한다. 이런 과정을 거쳐 만들어진 것이 경화유硬化油인 것이다. 이 경화유를 만드는 업체는 자신들이 쓰기 위해서 자체적으로 수소를 만든다. 그런데, 어렵게 만든 이 수소가 남아서 버려지고 있었다.

또한 가성소다는 식염수를 전기분해해서 만드는데, 이 때에도 수소가 부차적으로 발생하게 된다. 여기에서 새로운 발상을 한 사람이 이와타니 씨였다.

'이런 수소 여유분을 어딘가에서 더 쓸 수 있지 않을까?'

스스로 수소를 만들려고 하면 설비를 갖추는 데 거액의 비용을 지출해야 한다. 그러니 '버리는 수소'를 필요로 하는 기업이 분명히 많을 것이다. 그래서 여유분을 매입해 다른 업체에 산업용으로 판매하는 것을 떠올린 것이다.

"저야 물론 그때는 태어나지도 않았을 때라 잘난 척하며 말할 수는 없지만…."

짧게 서두를 꺼낸 수소에너지 부장 미야자키 씨는 이렇게 말했다.

"이와타니 나오지 회장님은 그 무렵부터 이미 '수소는 앞으로 에너지로 사용될 것이다'라고 말했다 합니다. 화학을 조금이라도 공부한 사람이라면 수소가 깨끗한 에너지라는 사실을 알지요. 어쨌든 태워도 물만 나올 뿐이니까요."

아니, 태평양전쟁 이전부터 '수소'의 가능성을 간파하고 있었다니 놀라지 않을 수 없다. 1941년이면 일본이 여러 나라들로부터 '석유 전면 수입 금지'라는 제재 조치를 받던 때다. 그래서 석유를 비롯한 천연자원을 확보하려고 동남아시아 등지를 침공하던 시절이다. 그런 시대에 벌써 '수소'의 가치에 주목하고 있었다니, 대단한 선견지명이 아닐 수 없다. 게다가 그냥 '주목'한 것만이 아니라 당시부터 '언젠가 수소연료사회를 만들겠다'는 원대한 야망을 가지고 있었던 것이다.

수소연료 실용화의 길,
일본 최초의 로켓인 H-1 발사 성공!

이와타니산업은 1945년에 본격적인 법인 형태로 거듭났다. 수소와 관련한 사업을 확대하면서 1958년에는 오사카수소공업(현 이와타니가스)을 설립해 수소가스를 독자적으로 제조하기 시작했다.

1974년에는 '선샤인 계획'의 일환으로 '수소의 유통소비 프로세스와 보완 기술'이라는 연구를 위탁받아 수행하기도 했다. '선샤인 계획'이란 제1차 오일쇼크를 계기로 에너지 문제를 장기적이고 근본적으로 해결하기 위해 태양, 지열,

석탄, 그리고 '수소' 에너지에 관한 기술 개발을 산업계·관계官界·학계가 이 공동으로 추진하는 국가적 프로젝트다.

그중에서 이와타니산업은 '수소 액화 프로젝트'를 맡았다. 우주개발사업단(NASDA, 현 JAXA)으로부터 '액화수소 수송 시스템에 관한 검토'를 위탁받은 이와타니산업은, 일본 최초로 장거리 액화수소 수송에 성공했다. 이어서 1978년에는 본격적인 액화수소 제조 플랜트를 완성시켰다.

1986년, 일본 최초의 로켓인 H-1이 발사되었다. 이 당시 이 로켓의 연료인 액화수소를 이와타니산업이 공급했다. 일본에서 액화수소를 만드는 회사가 이와타니산업뿐인지라, 이와타니산업의 독무대나 마찬가지였다. 이것이 바로 '수소 하면 이와타니'라고 불리는 이유이기도 하다.

이와타니 나오지의 선견지명이 결국 꽃을 피운 셈이다.

로켓연료로 액화수소가 사용된 것은 눈부신 성과였다. 하지만 일반인들이 수소를 연료로 사용하는 것은 '먼 세계'의 일이었다. 수소가 친숙한 에너지로 실용화되는 데 그로부터 30년 가까운 세월이 필요했다.

'수소'를 알고 싶다!

아마도 이공계를 전공한 독자라면 '수소'에 대한 지식은 상식의 범위에 들어갈 것이다. 그러나 저자와 같이 '수소'가 무엇인지 잘 모르는 사람들을 위해 수소에 대한 간단한 기초 지식을 조목조목 정리해 보았다. 다음에 나오는 수소충전소 개발에 얽힌 에피소드를 읽을 때 이 정보가 큰 도움이 될 것이다. 독자들이 쉽게 이해할 수 있도록 이를 도표로 정리했고, 내용상 중요한 부분에는 별(*) 표시를 했다.

▼ 수소란?

원자번호	1
분자식	H_2
분포 및 특징	우주에서 가장 풍부한 원소다. 우주 질량의 4분의 3을 차지한다. 지구 상에서 홑원소 물질로는 존재하지 않으며(*), 물과 아미노산·탄화수소 등과 화합해 존재한다. 무미무취한 기체다.
비중	공기를 1이라고 했을 때 0.0695
끓는점	마이너스 252.87℃, 수소(기체)는 마이너스 252.87℃에서 액체가 된다(*).
체적	0℃, 1기압의 수소가스를 액체로 만들면 체적

	은 약 800분의 1이 된다(*).
무게	액화수소 1리터(수소가스 800리터)는 71.4그램에 해당한다.
발화점	527℃(공기 중에서), 덧붙여 가솔린은 500℃이다. 수소라고 하면 위험하다고 생각하는 사람이 많지만, 자연발화는 쉽지 않다.
FCV 자동차의 연료로 쓰이는 수소	수소가스 1킬로그램으로 약 130킬로미터를 주행할 수 있다. 수소충전소에서의 충전시간은 약 3분이며, 1킬로그램에 1,100엔이다.
수소가 주목을 받는 이유	① 지구 상에 많이 존재한다. ② 에너지로 사용 시 효율이 높다(단위중량당 발열량이 가솔린의 약 2.7배) ③ 연소시켜도 이산화탄소 대신 물을 배출하는 깨끗한 에너지다. ④ 전기에너지는 저장이 어렵고, 장거리 수송을 하면 손실될 수 있다. 수소는 연료전지의 연료 혹은 대용량 전력을 장기간 저장하기 위한 전력 저장 매체로 적합하다. 또한 장거리 운송도 가능하다.

'수소'에 흥미를 가진 청년,
이와타니산업에 입사하다

　오사카 대학교의 기초공학부에서 유체역학을 전공한 미야자키 씨는 일자리를 구할 때 많이 고민했다. 경기가 좋지 않았기 때문이다. 제2차 오일쇼크로 대기업의 문이 좁아진 상황이었다. 이 때문에 한 전기 분야 대기업에 지원했지만 합격하지 못했다.

　이때 '수소연료를 취급하는 회사가 있다'는 정보를 입수했다. 그 회사가 바로 이와타니산업이었다. 1978년이라고 하면 이와타니산업이 본격적으로 액화수소 제조 플랜트를 완성시킨 해다. 당시 공학부 학생들 사이에서도 '수소연료가 앞으로 가능성이 있다'는 여론이 있었다고 한다.

　미야자키 씨는 '재미있을 것 같다'는 생각에 이와타니산업의 문을 두드렸다.

　입사에 성공한 미야자키 씨는 바로 연수의 일환으로 '회사 안내 책자'를 제작하는 업무를 부여받았다. 이른바 '직원모집 안내서'를 만드는 일이었다. 업무의 일환으로 회사에 대해 조사하던 무라카미 씨는, 놀라운 사실을 발견했다. 이와타니산업의 역사가 바로 일본 '수소'의 역사와 같다는 점이었다. 이때부터 미야자키 씨는 본격적으로 '수소'에 강한 흥미를 가졌다.

오사카의 사카이 시에 LP가스의 수입기지를 건설하는 일에 종사한 미야자키 씨는, 25살에 액화수소를 개발 담당자가 되었다. 그 당시인 1981년은 미국에서 '우주왕복선 컬럼비아호'가 첫 비행에 성공한 해다. '수소는 이와타니'라고 불렸지만, 이 당시 회사의 수소 관련 매출은 극히 적었다. 연료로 주로 쓰이는 것은 LP가스였고, 본격적으로 수소 제조 플랜트를 완성시키기는 했지만, 비용이 3~4배로 커지는 액화수소는 공업용 수소로는 잘 팔리지 않았다. 미야자키 씨는 당시를 회상했다.

"그러던 중 '어떤 새로운 분야에서 액화수소를 사용할 수 있지 않을까?' 생각했지요. 그래서 사내에서 액화수소 수요 개발 프로젝트가 시작되었습니다. 저는 그 사무국에서 근무하게 되었고요. 젊었던 제가 10명 정도의 상사들과 함께 최첨단 업무를 할 수 있었던 것은 제게 행운이었지요."

미츠비시중공업과 오사카수소공업(현 이와타니가스)의 합병으로 일본액화수소 사가 설립된 뒤, 다네가시마(種子島)

의 공장 건설에 참여했다. 그리고 마침내 1986년에 일본 최초의 로켓인 H-1의 발사가 이어졌다. 이후 현재까지 인공위성 발사에 쓰이는 H-Ⅱ A와 H-Ⅱ B 로켓에 들어가는 액화수소의 공급을 계속하고 있다.

수소충전소 개발 비화,
도요타가 제시한 어려운 과제

도요타자동차는 1992년에 수소연료전지자동차(FCV)를 개발하기 시작했다. 그리고 제13회 전기자동차 심포지엄이 열렸던 1996년에는 오사카의 미도스지 거리에서 FCV로 퍼레이드를 했다. 그 당시부터 이와타니산업은 FCV에 수소를 공급하는 업체로서 본격적으로 개발 프로젝트에 참여했다. H-I 로켓 발사 성공에 공헌한 회사이니만큼 당연히 도요타자동차의 신뢰도 두터울 수밖에 없었다.

그러던 중 2005년에 미야자키 씨는 수소연료 부서에서 FCV용 수소충전소 개발 부서로 자리를 옮겼다.

이와타니산업은 검증 단계이기는 했지만 오사카와 수도

권에 이미 수소충전소를 완성시켰다.

FCV를 보급하려면 전국에 주유소 대신 수소충전소를 설치해야만 하기 때문이다. 즉, FCV는 수소가 없으면 움직이지 못하는, 수소와는 한몸을 이루고 있는 것이다.

이와타니산업 측은 기존의 수소충전소에서 수소를 공급할 수 있다고 생각했다. 그런데 뜻밖에도 도요타 측에서 의외의 과제를 부여했다.

"당시 자동차에 탑재하던 수소가스 연료탱크의 압력을 70메가파스칼로 올려 달라더군요. 그 당시 수소충전소는 35메가파스칼의 압력도 버거웠어요."

1표준기압(평균 해수면에서의 대기압)은 약 0.1메가파스칼에 해당한다. 그러니까 이와타니 산업은 당시에 수소를 350배로 압축해서 연료탱크에 채워 자동차에 공급하고 있었다. 그런데 도요타는 이를 700배, 즉, '700기압까지 올리라'고 한 것이다.

수소 1킬로그램으로는 약 130킬로미터를 주행할 수 있다. 그러니까 35메가파스칼의 압력으로는 수소 2.5킬로그램당 300킬로미터밖에 주행할 수 없다. 이것으로는 일상적인 업무나 당일치기 여행을 가는 데 자동차를 이용하기가 어렵다. 8시간 충전 한 번으로 200킬로미터까지 주행할 수 있는 전기자동차도 의식하지 않을 수 없었다. 도요타로서는 무슨 일이 있어도 수소를 한 번 충전하기만 하면 500킬로미터 이상을 주행할 수 있도록 하고 싶었던 것이다.

70메가파스칼의 '벽'을 넘어라

지금까지 35메가파스칼이었던 이유는 기술적인 측면과 법제적인 측면 때문이었다. 35메가파스칼로 관련 재료를 검증하는 데 성공했는데, 그 압력을 2배로 높인다면 사용할 수 있는 재료의 강도 등을 그만큼 높여야 한다는 뜻이다. 또한 수소는 35메가파스칼의 상태에서는 상온에서도 충전이 가능하다. 그러나 수소는 급격하게 압축되면 온도가 상승한다. 물론 용기의 온도가 일정 온도 이상으로 상승하는 것은 피해야 한다.

그래서 70메가파스칼까지 급속히 충전하려면 수소를 마이너스 40℃로 식혀주지 않으면 안 된다. 미야자키 씨는 이렇게 설명했다.

"마치 가정의 에어컨처럼 냉매를 흘려보내 열을 교환시키는 방식으로 식히는 겁니다. 그러나 에어컨과는 레벨이 다르죠. 20~24℃ 정도가 아니라, 마이너스 40℃니까요. 이는 당연히 기술적으로 극복해야 할 사안이지만, 전기료가 너무 많이 들어갑니다. 더군다나 35메가파스칼로 검증하는 것도 가까스로 성공한 때였으니까요. 그러니 '말도 안 돼…'라는 탄식이 절로 나오더군요."

수소충전소 하나를 만드는데 4~5억 엔의 비용이 들어간다고 한다. 이 금액조차 설비만 갖추는 데 필요한 돈이다. 토지취득비용(또는 임대비용)은 따로 필요하다. 더군다나 '미라이(당시에는 이름이 없어 FCV라고 불렀다)'를 얼마나 보급할 수 있을지도 전혀 파악할 수 없었다. 그러니 당분간은 적자를 각오해야 했고, '채산성은 맞출 수 있으려나?' 싶기도 했다. 미야자키 씨는 말했다.

"이와타니산업은 산업용 수소를 취급해 왔습니다. 그렇지만 그것은 공장 안에서 이루어졌죠. 물론 공장의 보안도 철저합니다. 하지만 이번에는 시내 중심을 달리는 자동차에 공급하는 거예요. 즉, 주택과 회사가 밀집된 지역에 수소충전소가 만들어지는 겁니다. 그러니 한층 더 안전한 설비를 갖추어야 한다는 부담감이 있죠."

수소연료 부서가 똘똘 뭉쳐 기술적인 문제를 해결했다. 이로써 70메가파스칼의 수소충전소를 완성시킬 수 있었다.

수소충전소를 만드는 데
왜 4~5억 엔이나 들어갈까?

2012년에 3개의 자동차 제조사와 10개의 수소 공급 사업자가 함께 공동성명을 발표했다. 2015년에 발매 예정인 FCV를 위해 전국 100곳에 먼저 수소충전소를 정비하겠다는 것이었다. 참여 기업들 중에는 이와타니산업은 물론 JX 닛코닛세키에너지, 이데미츠고산, 도쿄가스 등이 있었다. 이 기업들 가운데 이와타니산업은 20곳에 수소충전소를 건설한다고 발표했다.

수소충전소 하나를 건설하는 데 왜 4~5억 엔이나 들어가는지 궁금했다. 2015년 4월에 도쿄에 있는 '이와타니 수소충전소 시바공원'을 견학했다. 그때 목격한 설비를 바탕으로 설명을 해 보겠다.

공장에서 제조한 액화수소는 탱크로리Tank lorry를 이용해서 수소충전소로 옮겨진다. 수소는 1킬로그램에 무려 약 11입방미터나 된다. 도저히 그런 방대한 분량을 운반할 수 없을 뿐 아니라 저장하는 것도 불가능하다. 그래서 마이너스 253℃로 냉각해서 800분의 1의 부피로 축소시킨다.

수소충전소 안에는 저온을 유지하기 위한 저장탱크가 있다. 그 저장탱크는 일종의 거대한 보온병이라고 생각하면 된다. 단, 시판되는 보온병과 다른 점은 저장탱크 안이 진공 상태라는 점이다. 이는 단열을 위한 것이다.

이 액화수소를 '기화기氣化器'라는 긴 관으로 흘려보낸다. 액화수소는 순식간에 기화되어 가스 상태의 수소가 된다. 이번에는 이 수소를 압축기에서 82메가파스칼의 압력으로 올린 다음 축압기에 저장한다. 그 뒤 파이프를 이용해 충전소 앞에 설치된 가스주입설비로 보낸다. 그리고 디스펜서에서 자동차에 수소를 충전할 때는 마이너스 40도까지 미리 냉각시켜 70메가파스칼로 충전한다.

액화수소 탱크에서 디스펜서까지의 과정을 보며 '복합공업단지(kombinat)'와 같다는 생각이 들었다. 단순하게 잠시 보관하고 판매하는 주유소와는 달리 수소충전소는 그

규모는 물론이고, 수소가 공급되기까지의 기술력도 비교할
수 없을 정도로 방대하기 때문에 5억 엔이 들어간다고 해
도 납득할 수 있을 것 같았다. 현재는 이와 같은 막대한 설
비 투자 비용을 줄이기 위한 노력을 하고 있다고 한다.

"세상에 필요한 물건은 꼭 잘나간다"

아무리 생각해도 이해하기 어려웠다. 기업은 이익을 내
야 한다. 물론 곧바로 얻을 수 있는 눈앞의 이익은 아니더
라도, 3년 혹은 5년 후와 같이 분명하게 이익을 낼 수 있는
시기 정도는 예측해야 한다. 그럼에도 불구하고 이와타니
산업은 왜 '수소'에 거액을 투자했을까?

미야자키 씨에게 단도직입적으로 물었다.
"왜 적자를 감수하면서 수소충전소 사업을 하시나요?"
그러자 미야자키 씨는 직설적으로 대답했다.
"이와타니 나오지 회장님은 70여 년 전에 '수소연료의
시대가 올 것이다'라고 예견했습니다. 그때부터 사훈이 생

Licensed by TOKYO TOWER

이와타니 수소충전소 시바(芝)공원 (사진 제공 : 이와타니산업주식회사)

겼어요. '세상에 필요한 인간이 되어라, 세상에 필요한 물건은 꼭 번영한다'입니다. 이는 기업 이념으로서 지금까지도 쭉 이어져오고 있습니다. 이 세상에서는 '필요하지 않은 것'으로도 돈을 벌 수 있지만, 수소는 이 세상에 꼭 필요하고 유익한 겁니다. 이는 누구든지 인정할 거라고 생각합니다."

이와타니산업에서는 액화수소나 수소충전소에 대한 투자를 돈을 벌지 못한다는 이유로 반대하는 사람이 없다고 한다. '세상에 필요한 인간이 되어라'는 기업 이념에 따라 저마다 '수소연료는 필요한 것'이라는 확신을 갖고 있다. 이 때문에 옳고 그름을 논하는 것조차 발생하지 않는다고 한다.

또한 미야자키 씨는 이렇게 말했다.

"우리 회사는 수소 분야 최고의 기업입니다. 그래서 수소를 더 많이 팔아 널리 보급시킬 수 있으면 좋겠다고 생각합니다. 이는 수소충전소와 관련된 설비를 판매하는 것으로도 연결될 수 있고요. 그래서 도요타의 미라이를 보급시키는 게 정말 중요합니다. 미래에 수소를 이용한 발전發電이 가능해지면 수소의 수요는 10배, 아니 100배 이상 올라갈 겁니다. 지금은 석유값이 저렴하기 때문에 승부하기

가 어렵지요. 하지만 만약 200만 대의 미라이가 주행하게
된다면, 20억 입방미터가 넘는 수소의 수요가 탄생하게 됩
니다. 현재 약 1억 5000만 입방미터이므로 약 20배 정도가
늘어나는 셈이죠. 미라이로 인해 수소충전소가 건설되는
겁니다. 저는 미라이가 수소연료 사회의 실현을 위한 '견인
차'가 되길 바랍니다."

이전에 도요타의 다나카 씨도 "미라이라는 자동차가 앞
으로 도래할 수소연료 사회의 견인차 역할을 할 수 있기를
바랍니다"라고 말했었다. 이와타니산업의 미야자키 씨의
입에서도 똑같은 말이 나오자 놀라지 않을 수 없었다. 저자
는 형언할 수 없는 감동을 느꼈다.

'미래는 바로 이런 사람들이 만들어 가는 거구나…'

미야자키 씨는 이렇게 말하며 이야기를 마무리했다.

"수요가 증가하면 가격도 내려갑니다. 그러면 수소를 이
용한 발전發電도 채산성을 확보할 수 있게 되죠. 저는 최종
적으로 모든 에너지가 100퍼센트 수소인 시대를 목표로
전진하고 있어요. 물론 먼 미래의 일이지만 세상을 위하는
거기 때문에 이 일이 너무도 즐겁습니다!"

'미스터 수소'의 일 잘하기 노하우! (1)
'다른 세상을 경험하라'

저자는 실례를 무릅쓰고 미야자키 씨를 '미스터 수소'라
고 부르기로 했다. 실제로 사내외에서 '수소하면 미야자키'
로 통하고 있었기 때문이다. 그런데 미야자키 씨로부터 의
외의 말을 들었다.

"저에게는 잃어버린 10년이 있습니다."

당시 40세였던 미야자키 씨는 이대로만 간다면 수소와
관련된 일을 깊이 있게 연마하여 머지않아 수소전문가가
될 수 있겠다고 생각했다. 그런데, 액화수소 프로젝트에 관
여했을 때 돌연 LP가스 업무로 발령을 받았다.

"부서 이동 발령을 받았을 때 솔직히 '좌천되었구나' 싶
어서 충격이 컸습니다. 왜냐하면 옮긴 부서가 LP가스와 관
련된 외부의 재단법인이기 때문이었죠."

하지만 그는 이 당시의 경험이 훗날 맡은 일에 크게 도
움이 되었다고 한다.

"경제산업성 직원들과, LP가스 판매점 사장님들과 대화
할 수 있는 기회를 얻었기 때문이죠. 본사에서 기술 개발만

하고 있으면 소비자의 생생한 목소리를 들을 기회가 전혀 없어요. 고작 1년밖에 안 한 사람은 10년 동안 '오로지 한 길'을 걸어온 사람에게 '지식'으로는 이길 수가 없습니다. 하지만 여러 세상을 접하고 인맥과 경험을 쌓음으로써 반드시 역전할 기회가 생긴다고 생각합니다. 인간은 주변 환경이 바뀌는 것만으로도 성장하는 경우가 있거든요."

미야자키 씨는 줄곧 이 10년을 '잃어버린 세월'이라고 생각했었다. 그러나 지금 돌이켜보면 "늘 똑같이 하면 안 된다. 바깥 세상을 보고 오라"고 말해 준 상사의 배려가 부서 이동에 큰 힘이 되었다고 한다. 이렇게 생각하자 '잃어버린 10년'은 '보람찬 10년'으로 바뀌었다고 한다. 미야자키 씨는 말했다.

"젊은 사람들에게 가급적 다른 세상을 보고 오라고 추천해 주고 싶습니다. 또한 상사 입장에서는 우수한 인재를 계속 옆에 두고 싶겠지만, 진정으로 인재를 육성하려면 저처럼 바깥으로 나가보는 것이 중요하다고 생각해요."

'미스터 수소'의 일 잘하기 노하우! (2)
'도망가지 마라'

　수소충전소를 만들면서 도요타는 70메가파스칼이라는 높은 요구를 했다. 이는 엄청난 '장벽'이었기에 당시 미야자키 씨는 '도망가고 싶다'고 생각했다고 한다. 그러나 자신이 도망가면 도요타의 부하직원이 곤란해질 것이다.

　미야자키 씨는 도요타 직원들과 함께 일을 하면서 그들의 '열정'을 다시금 느낄 수 있었다. 그래서 '도망가서는 안 되겠구나'라고 생각하면서 각오를 다시 다졌다고 한다. 미야자키 씨가 말했다.

　"좌우명과 같이 거창한 것은 아닙니다. 스스로 할 일을 다른 사람에게 떠맡기면서 '도망가지 않는 것'을 항상 마음에 두고 행동했습니다."

　'도망가지 않는 것'

　설마 이런 말이 튀어나오리라고는 꿈에도 생각하지 못했다. 일을 하면서 중요한 점은 '공격적인 마인드'라든지 '긍정적인 사고'가 아닌, '도망가지 않는 것'이라는 점이었다. '70메가파스칼'의 과제만이 아니라 상당히 터무니없다고 생각되는 여러 '장벽'들과 계속해서 싸워나가며 여기까지 온 것이 틀림없었다.

이렇게 도망가지 않고 '장벽'을 뛰어넘는 사람들 덕분에 모두가 살기 좋은 수소연료 사회로 한걸음 더 다가서고 있는 것이라는 확신이 들었다.

10년 후, 혹은 15년 후…. 이와타니 나오지가 품었던 장대한 꿈이 실현될 날이 머지않았다.

수소가 가솔린을 대체하듯이 시대의 변화에 따라 대체된 것이 하나 더 있다. 바로 도로지도책이 내비게이션으로 대체된 것이다.

여기에도 험난한 '장벽'과 싸워온 사람들이 있었다. 이 과정에는 끊임없이 쏟아져 내리는 고객들의 클레임 폭풍이 있었다. 그 안에 무에서 유를 창조하는 도요타의 '일하는 방식'이 있었다.

TOYOTA SPIRIT

자기 자신의 '판단 축'을 명확히 세운다

3장

내비게이션 개발에 도전

세계 최초는
클레임에서 탄생했다

세계 최초로 내비게이션을 만든 사람

우리가 이용하고 있는 제품 하나하나마다 '시작'이 있고 '역사'가 있다. 그러나 우리들은 그것을 누가 만들었는지에 대해서는 전혀 생각하지도 않은 채 '당연한' 듯 사용하고 있다.

예를 들어 스마트폰이 그렇다. 집을 나설 때 책상 위에 놓고라도 나오면 하루 종일 불안해서 어쩔 줄 모른다. 인터넷 또는 메신저를 사용할 수 없어서 답답한 건 당연하고, 마치 신체의 일부를 놓고 나온 듯한 기분마저 들어 안절부

절 못한다. 노트북과 교통카드도 마찬가지다. 이들은 모두
처음부터 존재했던 것이 아니라 누군가에 의해 발명되어
진화를 거듭한 것이다.

내비게이션도 그렇다.

우리는 자동차에 타면 먼저 내비게이션에 목적지를 입
력한다. 처음 가는 곳은 물론이고, 몇 번이고 갔던 곳이라
도 우선 입력하고 설정해서 출발하는 사람들이 많을 것이
다. 이는 우리에게 어느새 '당연한' 행동이 되었다. 이 내비
게이션을 최초로 개발한 사람들이 있다.

그중 한 사람인 아즈마 시게토시(東重利) 씨의 내비게이
션 개발 비화를 소개하고자 한다.

오로지 내비게이션에 바친 36년

아즈마 씨는 1952년 카가와 현에서 태어나 기타큐슈 시
에서 자랐다. 어릴 적에는 어두침침한 하늘과 코를 찌르는
악취에 시달렸다. 야하타 제철소(현 신니테츠스미토모)는 검
은 연기를 뿜어내고 거리는 스모그로 뒤덮였다.

비가 내린 후에는 검은 자국이 남고, 거리를 걷는 사람들은 손으로 입을 막고 다녔다고 한다. '공해'가 사회 문제로 확산되기 직전의 모습이었다.

토목과 관련된 작은 회사를 운영하던 아버지가 친구에게 속아 거액의 빚을 떠안았다. 그때부터 아즈마 씨의 가족들은 궁핍한 생활을 하게 되었다. 그래서 그는 중학교와 고등학교를 다닐 때 신문과 우유를 배달해서 집안에 생활비를 보태야 했다. 학비를 마련할 경제적 여력이 없어 대학 진학을 포기하려고 했을 때에는 담임 선생님이 집까지 찾아와 부모님을 설득해 주었다.

"앞으로는 대학을 나오지 않으면 안 됩니다."

아즈마 씨의 성적이 우수했기 때문이었다. 아즈마 씨는 "학비는 스스로 벌게요"라고 부모님과 약속한 뒤에 대입 시험을 봤다. 하지만 떨어지고 말았다. 이후 아르바이트를 하면서 학원을 다니는 등 재수 생활을 병행한 끝에 큐슈대학교 전기공학과에 합격했다. 그는 특별장학금을 받고 아르바이트를 하면서 집으로 생활비를 보내기까지 했다. 그런 식으로 4년간의 대학 생활을 보냈다.

"우리는 전기자동차는
만들지 않으니 다른 데를 알아봐요"

아즈마 씨가 대학교를 졸업했던 1976년은 오일쇼크로 심각한 불황기였다. 미츠비시중공업에서 로켓을 개발하고 싶었지만. 대학원을 졸업하지 않아 지원도 못했다. 그래서 2년 더 공부하자 결심할 때 아버지가 병으로 쓰러지셨다. 아버지는 다행히 목숨을 잃지 않았지만, 아즈마 씨는 학업을 지속할 수 없었다. 서둘러 취직 자리를 알아봤지만 대개 채용시험을 끝낸 뒤였다. 남은 것은 자동차 회사뿐이었다. 지금은 믿기지 않겠지만 당시 자동차회사는 학생들에게 인기가 없었다.

대학의 추천서를 들고 도요타자동차의 문을 두드렸다.

면접에서 받는 질문은 예나 지금이나 똑같다.

"저희 회사에 왜 지원했나요?"라는 면접관의 질문에, 아즈마 씨는 "전기자동차를 만들고 싶습니다"라고 대답했다.

아즈마 씨가 이렇게 대답한 이유는 바로 어린 시절 그가 보던 기타큐슈 시의 어두침침하고 흐릿한 하늘 때문이었다. 그 하늘 아래에서는 자동차들이 검은 배기가스를 내

뿜으며 달리고 있었다. '깨끗한 하늘이 있는 세상을 만들고 싶다'는 순수한 바람으로 생각했던 것이었다.

하이브리드를 비롯한 전기자동차는 오늘날 일상화되었다. 하지만 아즈마 씨는 "당시에는 안 그랬습니다"라고 했다.

"전기자동차는 1800년에 볼타volta가 전지를 발명했을 때부터 시작되었다고 볼 수 있습니다. 벤츠가 가솔린엔진 자동차를 개발한 것이 1866년이니까, 그보다 훨씬 전부터 전기자동차가 있었던 것이죠."

그러나, "우리는 전기자동차를 안 만드니 다른 데를 알아보세요"라는 말에 의기소침해졌다. 아즈마 씨는 이번에는 어느 회사에 지원할까 고민했다. 바로 그때 도요타자동차의 합격통지서가 도착했다. 그 이유는 지금도 알 수가 없지만, 어쨌든 도요타자동차에 취직이 결정된 순간이었다.

내비게이션 개발 착수!
세계 최초로 '내비콘' 발매

아즈마 씨는 입사하자마자 자동차 법규·인증 부서에 소

속되었다. 전공했던 전기공학과와는 전혀 상관이 없는 일
이었다. 또한 유럽 지역을 담당하면서 영어에 파묻혀 지내
다 보니 5월병[1]에 걸린 듯이 피폐해져 있었다.

그러던 중 자동차에 일렉트로닉스를 탑재하는 분위기가
고조되면서 보기전자補機電子실험과라는 부서로 자리를 옮
겼다. 여기에서 아즈마 씨는 내비게이션 개발의 첫발을 내
딛게 되었다. 당시에는 설마 그로부터 36년 동안이나 내비
게이션 개발 업무를 하리라고는 상상조차 하지 못했다.

그러나 문제는 아직 이 세상에 '내비게이션'이라는 단어
는 물론 미래상도 존재하지 않았다는 것이었다. 단지 자동
차를 운전할 때 편리한 '내비게이션'을 만들라는 명령만이
내려졌을 뿐이었다.

낯선 지역에서 자동차를 운전할 때 가장 곤란한 것은
"난 지금 북쪽으로 가는가, 남쪽으로 가는가?" 확인하는 것
이다. 이는 지도책으로도 알 수 없는, 가장 힘든 부분이다.
나침반이 있더라도 운전을 하면서 이쪽저쪽으로 눈을 돌
리는 행위는 매우 위험하다. 그런 운전자의 고충을 덜어 주

---

1 4월에 새롭게 입사한 후 생기는 신경증적 상태 – 옮긴이

기 위해 자동차에 '유도하는 기계(네비게이션)'를 탑재하는 실험이 시작된 것이다. 그것은 도요타가 목표로 하고 있는 '안전성 향상'이라는 개발 방침과도 일치했다.

그렇게 해서 개발된 제품이 바로 '내비콘NaviCon'이었다. 그 어디에도 존재하지 않았던 제품을 제로베이스에서 만들어낸 것이다. 물론 세계 최초다. 파이오니아 사의 레이저 디스크 플레이어가 히트상품이 되었고, '크리스털족族'이 유행어가 되었던 1981년의 일이었다. 이것은 셀리카Celica와 그해 출시한 소아라SOARER 등의 스포츠카에 탑재되었다.

동서남북을 표시한 십자패널 정중앙에 자동차 그림이 있다. 자동차 그림은 항상 위를 바라보고, 방향을 가리키는 뒷면의 배경이 빙글빙글 돌아가는 식이다. 위쪽에 N자가 오면 '아~ 북쪽으로 가는구나'라고 판단할 수 있다. 지금 자신이 가는 방향을 알려주는 방식이다.

당시 내비콘과 전용 지도책을 세트로 판매했다. 목적지를 지도에서 확인한 뒤 '내비콘'에 '동쪽으로 8킬로미터, 북쪽으로 3킬로미터'라고 버튼으로 입력하는 식으로 이용했다.

지금 일반적으로 사용되고 있는 내비게이션과 비교하면 쓴웃음을 지을 수밖에 없는 제품이다. 그러나 당시 운전자들에게는 '미래의 장치'와 같은 획기적인 제품으로 받아들여졌다. 당시 선택할 수 있는 옵션 중 하나로 판매되었지만, 자동차 구매자의 약 90퍼센트가 자동차에 탑재한 것만보더라도 제품의 가능성을 엿볼 수 있었다.

클레임 폭풍이 몰아치다

그런데 정작 내비콘이 발매되자 호평은커녕 클레임이봇물처럼 터져 나왔다. 전국의 수많은 영업소에서 '한쪽 방향만 가리킨다', '움직이지 않는다' 같은 고충 안건들이 계속 들어온 것이다.

고객의 불만을 접수한 개발 부서도 그 이유를 도무지 알수가 없었다. 언제나 답은 '현장'에 있다. 그래서 영업소를방문해서 사과를 하고 원인 규명에 나섰다. 그러자 주유소등에서 세차를 할 때 차체 철판이 자화磁化되면서 '내비콘'의 센서에 영향을 주어 고장이 나는 것으로 판명되었다.

'내비콘'의 핵심 부품은 지자기地磁氣 센서다. 코일 안을통과하는 자속磁束이 변화하면서 전압이 발생하고, 그 전압을 검출해서 방향을 검출할 수 있는 것이다. 쉽게 말하자면 '전자 나침반'이라고 할 수 있다.

원래 우리가 살고 있는 지구 상에는 자기磁氣가 넘쳐난다. 그것을 '지자기'라고 하는데, 이는 지구가 본래 가지고 있는 자성磁性을 말하며, 약 300밀리가우스(mG) 정도다. 그런데 자동차는 차폐현상을 일으키는 철판으로 만들어졌기 때문에 자동차 안으로 전해지는 지자기가 100밀리가우스로 약해진다. 그래서 증폭시킨 지자기 센서를 작동시켜서 북쪽인지 남쪽인지를 표시하는 것이다.

이 기술은 지금까지 이어지는 내비게이션 개발의 근간이 되는 기초 기술이며, 일본의 도호쿠금속공업(현 NEC TOKIN)이라는 기업이 최대 시장점유율을 확보하고 있다.

그런데 세차하는 기계를 자동차가 통과할 때 거대한 브러시가 연속해서 차체 표면을 두드리게 된다. 이때 자동차 철판이 자화磁化되어 버리는 것이다.

어렵게 증폭시켜 감도를 올린 지자기 센서가 망가지면서 '내비콘'이 뱅글뱅글 돌며 엉뚱한 방향을 가리킨 것이다.

클레임에 대한 대책으로 보낸 나날들

이러한 현상은 개발 당시에는 전혀 예상하지 못했던 일이었다고 한다. '세계 최초'의 상품이었기 때문에 이러한 점들을 소비자가 사용한 후에야 비로소 알게 된 것이었다.

다양한 실험들을 반복했지만 이를 고칠 수가 없었다. 세차 기계만 통과하면 내비콘이 바로 망가져 버렸다. 그래서 생각해 낸 것이 '자화된 철판을 원래대로 되돌리자'는 것이었다. '차체 표면 자화 제거 장치'라고 할 수 있는 기계를 새로 만들어, 그 안으로 자동차를 통과시킨다. 전국의 공장에 이 장치를 배치하고 사용하는 방법을 설명하기 위해 아즈마 씨는 분주하게 돌아다녔다.

그러나 너무 고가의 설비였기 때문에 판매점과 공장의 부담이 너무 컸다. 내비게이션 가격을 생각하면 손실이 불가피했다. 그래서 보다 콤팩트한 휴대용 타입의 '간이 자화 제거 장치'를 만들었다. 이는 다리미와 같은 원리로, 차체 표면 전체를 강하게 누르는 것이다. 이러한 다리미질을 하고 나면 철판은 다시 자기磁氣를 잃고 원래 상태로 되돌아가게 된다.

세계 최초의 '내비콘' 발매는 이처럼 전국에서 쇄도하는 클레임과의 전쟁으로 시작되었다.

세계 최초로 자동차에 브라운관 탑재!

아즈마 씨를 포함한 개발팀 팀원들은 '내비콘'을 어디까지나 '과도기 제품'으로 여기고 있었다. 이미 다음에 목표로 하는 상품까지 정해져 있었기 때문이다. 그것은 바로 '지도가 화면에 표시되는 내비게이션'이었다.

이를 위해서 반드시 선행되어야 할 점은 "지도를 표시하는 브라운관을 자동차에 어떻게 탑재할 것인가?"라는 문제를 해결하는 것이었다. 하지만 그 당시에는 액정 화면이 아직 개발 단계에 머물러 있었다.

TV 브라운관은 뒷쪽이 길다. 그대로 자동차에 탑재하면 보닛 안의 엔진 부분에까지 튀어나간다. 그래서 브라운관의 뒷면을 짧게 만들려는 연구가 시작되었다. 소비전력 문제 등을 극복하여 251밀리미터였던 것을 194밀리미터까지 단축할 수 있었다. 이 작업은 덴소와 도시바가 맡았다.

이로써 '소아라SOARER'의 운전석 앞 계기판의 속도계 옆에 컬러 브라운관 표시 화면을 장착할 수 있었다. 그 화면에는 속도와 연비, 에어서스펜션 정보가 표시되었다.

이 제품은 '도요타 일렉트로 멀티비전'이라는 이름으로 미국 SAE(Society of Automotive Engineers, 자동차기술자협회) 국제 회의에서 발표되었고, 해외 업체들로부터 극찬을 받았다. 이는 '토지 전매'라는 말이 유행처럼 번진, 일본의 버블경제가 절정에 달하던 시기인 1985년의 이야기다.

이것 역시도 지금의 '내비게이션'과는 상당한 차이가 있다. 그렇지만 이때까지 개발된 '내비콘'과 '브라운관'에 관한 기술 축적 덕에 '지도'를 그대로 화면에 표시한다는 커다란 목표가 눈에 들어왔다.

디지털 내비게이션이 탄생하다

그로부터 2년 후인 1987년에 출시된 신형 자동차 크라운Crown에 디지털 방식으로 지도를 표시할 수 있는 '디지털 지도 내비게이션'이 탑재되었다.

'디지털 지도 내비게이션'에서는 지도 화면 위의 도로에 작은 삼각점이 표시되었다. 이 삼각형이 진행 방향을 유도해 주는 구조였다. 현재 우리가 '내비게이션'이라고 부르는 기기와 거의 비슷한 시스템이 비로소 만들어진 것이다. 원래는 덴소가 관광가이드북 등을 출판하는 쇼분샤(昭文社)와 함께 디지털 지도 제작을 독자적으로 추진했었다. 하지만 도요타자동차는 "앞으로 자동차 운전석 전면 계기판에 지도를 표시하는 시대가 반드시 올 것이다"라고 예상하고 개발했던 것들을 이용함으로써 마침내 디지털 내비게이션을 탄생시킬 수 있었다.

이것 역시 '세계 최초의 제품'이었다. 하지만, '내비콘'에 대한 클레임으로 완전히 지쳐 있었던 아즈마 씨는 상사와 함께 판매 부서에 이런 부탁을 하고 돌아다녔다.

"판매 대수는 500대 한정으로 부탁드립니다."

그는 "너무 많이 팔지 말아 주세요"라고 덧붙였다. 많이 팔지 말라니? 그게 무슨 소리인가? 이는 '내비콘'에서 발생한 지자기 센서와 관련된 클레임의 원인을 근본적으로 해결하지 못해서였다. 고안했던 자기 제거 장치도 어디까지나 응급 처치에 불과했다. 우선 내비콘 500대를 먼저 판매한 뒤 상황을 지켜보면서 차차 개선할 생각이었다.

그러나 크라운을 구입한 고객은 대부분 부유층이었다. 지도가 운전석 전면 계기판에 표시되는 이 획기적인 상품을 구입하는 데 드는 30만 엔 정도의 추가 금액은 그들에게는 큰돈이 아니었다. 그런데, 아즈마 씨가 부탁한 것과는 정반대로 이 디지털 내비게이션은 5,000대나 팔려나갔다.

이후 또 다시 클레임 폭풍을 맞고 전국을 돌아다니며 용서를 구하는 아즈마 씨의 순례가 시작되었다.

바닷속을 달리고 있다!?

그냥 웃자고 하는 소리가 아니라, 당시 디지털 내비게이션을 사용했던 사람들이 실제로 했던 말이다.

"뭐야! 지금 바닷속을 달리고 있잖아?!"

국도를 주행하고 있다고 생각했는데, 어느새 도로를 벗어나 해안을 가로질러 바닷속으로 들어가 버렸다. 물론 실제로 이런 상황에 놓인 것은 아니다. 디지털 내비게이션 화면에서 자동차의 위치를 나타내는 삼각 표시가 '바다 위를 달리는 것으로' 나타나 있었던 것이다.

전국에서 이런 클레임이 판매점을 통해 도요타자동차 본사로, 아즈마 씨가 있는 부서에도 쇄도했다. "이 자동차가 그 유명한 '비와 호(일본 최대의 호수)를 횡단하는 자동차'라던데, 맞죠?"라는 비아냥거림을 들어도 판매점 직원은 고개만 숙이고 있었다. 그저 도요타 본사에 "빨리 고쳐 주세요"라고 호소할 따름이었다.

감도를 낮춰라?

원인을 알 수 없는 클레임이 매일같이 쌓이는 상황에서 히로시마에 있는 여러 영업소에 몇 건의 클레임이 일제히 접수되었다. '디지털 지도 내비게이션'을 탑재한 크라운을 구입한 고객의 대부분이 "화면 위에 나타나는 도로에서 자동차가 벗어난다"고 하는 것이었다. '이건 정말 말도 안 되는 이야기다'고 아즈마 씨는 생각했다.

그러나 실제로 영업소에 가 본 아즈마 씨는 '아차!' 싶었다. 바로 그 순간 '원인'을 깨달았기 때문이다. 그 당시 아즈마 씨의 눈앞 도로에서 노면전차가 소리를 내며 지나가는 것이 보였다.

'이런! 바로 이거였어!'

노면전차는 전기로 달린다. 노선 밑에는 전류가 흐르고 있기 때문에 거기에서 자장磁場이 발생한다. 즉, 고객의 자동차가 노면전차의 노선을 가로지르는 순간 내비게이션의 지자기 센서가 망가진 것이었다.

'이렇다면 노면전차가 있는 지역에는 우리 네비게이션이 소용없어. 어떻게든 해야 해!'

느긋하게 있을 때가 아니었다. 바로 해결하지 않으면 클레임이 봇물 터지듯 밀려들 것이 뻔했다. 영업소의 직원들은 그간 너무 힘들게 클레임에 대응하고 있었다.

시험 담당이었던 아즈마 씨는 즉시 설계담당자와 함께 노면전차가 있는 모든 도시에 대한 현지 조사에 착수했다. 두 사람은 2주 만에 전국을 순회했다. 현지 조사의 주 목적은 노면전차가 달리고 있는 지역에서 얼마나 높은 수치의 자장이 발생하는지를 조사하는 것이었다. 그 자장으로 인해 자동차 표면이 자화되어 내비게이션의 지자기 센서가 오작동했기 때문이다.

이론적으로는 지자기 센서를 둔감하게 만들면 해결되는 일이었다. 일반적으로 기술자라면 기계의 감도와 정밀도를 높이기 위해 하루하루 노력을 쌓아간다. 그런데 '감도를 낮춰 주어야' 한다니? 게다가 그냥 낮춘다고 해결되는 문제가 아니었다. 어디까지나 내비게이션의 지자기 센서가 정상적으로 움직이는 범위에서 낮춰야 했다.

오작동의 원인을 파헤치다

여기서 퀴즈! "내비게이션이 작동하지 않는다"는 클레임이 나온 현장이라는 곳이 일반 도로였다. 그 도시에는 노면전차가 달리고 있지 않았던 것이다. 원인은 무엇이었을까?

정답은 '지하철'이었다!

도로 밑을 지하철이 다니고 있었던 것이다. 많은 경우 지하철 노선은 일반 도로 바로 밑을 평행해서 달린다. 일반적으로 지하철은 도로 정중앙에 위치한 중앙분리대 밑을 다니고, 자동차는 그 양쪽 옆을 달리기 때문에 영향이 적다. 그러나 장소에 따라서 그것이 서로 교차하는 등의 어떠한 이유로 지자기에 영향을 주는 것이다.

지하철은 지면 아래의 철판으로 둘러싸인 구조를 하고 있다. 전기의 영향을 준 노면전차와는 달리, 그 철판이 내비게이션의 지자기를 망가뜨린 것이었다.

클레임 현장 조사로 다음과 같은 문제도 알 수 있었다.

노면전차도 지하철도 없다. 그러나 가까이에 민간 철도가 있었다. 그 철도회사 본사까지 가서 조사했더니 최대 6,000암페어의 직류가 흐른다고 했다. 그러나 다른 노선 가까이에서는 내비게이션이 문제 없이 잘 작동했다.

'도대체 어떻게 된 일일까?'

이 역시 현장을 면밀히 관찰하고 나서야 비로소 알게 되었다. 그 전철은 러시아워 시간대의 만원전철이었던 것이다. 그리고 그 전철은 나지막한 언덕을 오르고 있었다.

'그래, 이거다!'

보통 때는 괜찮은데 만원전철과 같이 높은 중량의 물체가 언덕에서 부담을 느낀 상태로 통과하면 그 순간 최대치의 자장이 발생한다. 그리고 그 전철이 막 지나간 건널목을 자동차가 지나가는 순간 자화가 일어난다는 원리였다.

많은 사람의 관심으로 내비게이션은 발전했다

클레임의 원인을 파악한 아즈마 씨는, 오작동을 간편하게 고칠 수 있는 방법을 개발하여 영업소에 보냈다. 또한 소프트웨어를 보정하는 로직을 개발하여 오작동하는 내비게이션을 수리할 수 있게 되었다. 그러나 그 뒤에도 클레임이 접수되었다. 영업소에서 보정 조작을 하면 고칠 수 있었지만, 그 작업 막바지에는 고객이 원을 그리듯 자동차를 한 바퀴 돌려야 했다. 자장의 방향을 바꾸기 위한 작업이었다.

"아니, 도쿄의 주차장에 그런 넓은 공간이 어딨소?"라는 클레임이 들어왔다. 아즈마 팀은 아이치 현 도요타 시라는 시골 마을에서 연구를 하고 있었다. 도요타 시는 두말할 필요도 없는 자동차 마을이었다. 게다가 토지도 넓다. 자동차가 한 바퀴 도는 것쯤은 어디서든 가능했다. 그래서 그런 클레임이 접수되리라고는 생각지도 못한 것이다.

이렇듯 결함이 많은 내비게이션이었지만, 도요타 내부에서 강한 비난을 받는 일은 없었다(아즈마 씨는 고개를 못 들고 다녔지만 말이다). 그 이유는 제품을 만드는 일에 대한 도요타자동차 직원들의 기본적인 사고방식과 관련이 있었다. 애당초 자동차 개발이란 안전하게 '달리고', '방향을 바꾸고', '멈추는' 기본적인 성능을 개선하는 데에 있다. 이와 달리 내비게이션은 '편리성'과 '쾌적성'을 추구하기 위한 것이다.

내비게이션의 오작동이 바로 사고로 이어지거나 인명 피해를 야기할 가능성은 낮다. 내비게이션을 탑재하고 있던 크라운의 총괄책임자가 아즈마 씨에게 말했다.

"정말 큰일이 아니라면 너그럽게 넘어갔습니다. 우리는 이 내비게이션을 '소중하게 키운다'고 생각했어요. 그랬기에 지금의 내비게이션이 탄생할 수 있었고요."

총괄책임자는 계속해서 말했다.

"죄송하다는 말씀을 전하기 위해 영업소를 방문하면 고객님이 기다리고 있습니다. 고객님은 이미 화가 많이 난 상태죠. 그러면 이유를 막론하고 무조건 사과합니다. 그렇지만 이런 기쁜 일도 있었습니다. '왜 이런 현상이 나타나는 건가요?'라는 고객님의 물음에 이런저런 이유로 오작동이 발생했다고 설명을 드리니 납득해 주신 경우였지요. 알고 보니 그 고객님은 기술자였던 겁니다. 자동차를 만드는 분은 아니었지만요. 그분은 웃으시면서 '다음에 만드는 자동차는 더 잘 만들어 주세요'라고 하시더군요. 물론 이런 말에 기뻐하면 안 되겠지만, 누구도 만들지 않았던 제품을 창조하는 일의 어려움을 이해해 주신 것이라고 생각합니다."

한번은 도요타자동차의 사장(당시 오쿠다 히로시 씨) 앞으로 한 통의 편지가 도착했다고 한다. "기다리던 내비게이션이 '마크2MARK2'에 탑재되어 있어서 기쁩니다"라는 내용이 무려 편지지 5장에 빼곡하게 적혀 있었다고 한다. 아즈마 씨가 말했다.

"여기저기서 클레임이 들어오던 때였죠. 그때의 유일한 칭찬인 겁니다. '감사합니다'라는 말을 들은 거예요! 이 한 마디가 제게 '더욱 노력하자!'는 동기를 부여해 주었어요."

그 후 관련 기술이 발전하면서 GPS로 위치를 검색할 수 있게 되었다. 아울러 컴퓨터 내부의 지도를 이용해 현재 위치 정보를 보정할 수 있게 되면서 '제대로 사용할 수 있는 내비게이션'을 완성할 수 있게 되었다.

세계 최초로 'GPS 보이스 내비게이션' 발매!

'세계 최초'를 이끌던 도요타자동차도 GPS의 도입은 타사보다 늦었다. 허나 마쯔다자동차는 1990년에 발매한 유노스 코스모Eunos Cosmo에 'GPS 내비게이션'을 탑재했다.

그러나 아즈마 팀은 서두르지 않았다. 그것을 뛰어넘는 내비게이션 개발을 추진하고 있었기 때문이었다.

그로부터 2년 뒤인 1992년에 도요타자동차는 GPS는 물론 '액정 화면'과 '음성 안내' 기능까지 겸비한 'GPS 보이스 내비게이션'을 발매했다. 발매하기 1년 전부터 일본에서는 '버블 붕괴'가 시작되고 있었지만, 도요타자동차의 최고급 브랜드인 '셀시오르Celsior'를 구입하는 대부분의 고객들이 옵션으로 이 내비게이션을 선택했다.

사실 도요타자동차는 훨씬 전부터 음성으로 안내할 수 있는 내비게이션을 만들자고 결심했다. 그러나 기술적으로 가능했지만 주저할 수밖에 없었다. 앞서 언급했던 '도요타맨'으로서의 사고 논리 때문이었다. 안전하게 '달리고', 방향을 '바꾸고', '멈추는' 자동차를 만드는 것이 제일 중요하다. 만에 하나 '음성 내비게이션'이 잘못된 지시를 해서 사고가

나면 어떻게 할 것인가? 바로 이것이 문제였다.

그렇지만 이 내비게이션은 도요타의 최고급 차량인 '셀시오르'에 들어가는 내비게이션이었다. 그렇기 때문에 가장 우수한 기능을 탑재하려는 각 부서의 노력이 남달랐다. 이렇듯 '도요타를 탈바꿈시키자'는 기운이 있다 보니, 'GPS 보이스 내비게이션'의 발매를 결심할 수 있었다고 한다.

'지도에 무엇을 실을 것인가?'가 문제다

'내비게이션에 어떤 정보를 표시하면 좋을까?'

이것이 지도를 화면에 표시할 수 있게 되면서부터 시작된 가장 큰 고민이었다.

어떤 내비게이션 경쟁사는 사진을 그대로 표시했다. 이는 '운전자가 본 광경을 그대로 표현해 주면 주변을 아주 쉽게 파악할 수 있을 것이다'는 발상에서 비롯된 것이었다. 그러나 이러한 의도와는 달리 별로 안 팔렸다. 왜냐하면 운전을 할 때마다 환경이 미묘하게 바뀌기 때문이다. 비가 오는 날이 있는가 하면 눈이 내리는 날도 있다. 내 앞을 달리는 자동차도 언제나 다르기 마련이다. 내비게이션 화면에 나타난 사진과 똑같은 경우는 있을 수가 없다.

무엇보다 우리에게는 시야에 들어오는 모든 정보가 필요한 것은 아니다. '얻고 싶은 정보'만을 원한다. 제공되는 정보가 너무 많을 경우, 그중에서 필요한 정보를 고를 때 머릿속이 뒤죽박죽되면서 오히려 이해하는 것마저 힘들어진다. 이 때문에 내비게이션에서 표시하는 정보는 최소한의 '필요한 정보'로 제한해야 하는 것이다.

먼저 '도로'(당연하지 않은가), '지하철 노선 및 역', '산' 같은 지형을 정보로 넣었다. 그 다음에는 주행하면서 눈에 띌 만한 장소나 시간이 경과해도 변하지 않는 장소를 넣어야 한다. 예를 들면 '교회'나 '사찰'처럼 오래전부터 있던 장소나 '학교', '공공 기관', '공원' 같은 공공장소가 해당된다. 처음에는 이 정도의 정보를 게시하는 것으로 시작했다.

다음 단계에서는 레스토랑, 주유소, 백화점, 주차장을 넣었다. 내비게이션이 더 많이 보급되면서 단순히 운전할 때 위치 파악에 도움이 되는 랜드마크landmark가 아니라 '실제로 이용할 장소'를 찾는 수요가 늘어났기 때문이다. 예를 들면, 주유소 하나를 찾더라도 그 주유소가 어느 회사의 주유소인지를 표시해 주기를 바라게 된 것이다. 자신이 갖고 있는 주유카드를 사용할 수 있는 주유소를 찾으려고 하기 때문이다. 더불어 영업 시간도 알고 싶다는 요구가 생겼다.

주차장도 마찬가지였다. 몇 대나 주차할 수 있는 곳인지, 경차가 아니더라도 주차가 가능한지 등 이용자의 요구 수준이 점점 높아지면서 이에 대응해야 하게 된 것이다. 상황이 이렇다 보니 최근에는 주차장 사업자가 센서를 부착해서 '만차·공차' 데이터를 내비게이션 개발회사에게 판매하기에 이르렀다. 소비자들의 욕구를 충족시키기 위해 내비게이션을 만드는 회사는 돈을 들여서라도 그 정보를 손에 넣으려고 한다.

이와 같은 맥락으로 편의점과 패스트푸드점 등 프랜차이즈 점포의 데이터도 내비게이션 회사 측이 프랜차이즈 본사에 돈을 '지불'하고 구매하고 있다고 한다. 물론 광고 효과를 위해 자사의 '로고'를 사용하는 조건으로 '데이터를 무상 제공하는' 회사도 늘어나고 있다. 시대의 변화에 따라 내비게이션의 정보도 바뀌고 있는 것이다.

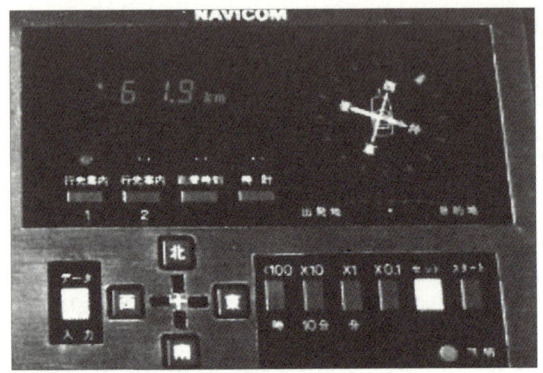

세계 최초의 내비게이션인 내비콘NaviCon은, 방향을 가리키는 화면이 움직임으로써 진행 방향을 파악하게 해 주는 단순한 장치였다.

현재 판매되는 최신 내비게이션은 복잡한 곳을 3D로 표시하여 안내하는 등 다양한 기능이 탑재되어 있다.

(사진 제공 : 주식회사 도요타맵마스터)

내비게이션 개발의 '잡학 지식' (1)
그녀의 목소리

자동차를 운전하면서 이런 의문을 가져본 적은 없는가?

"오늘은 4월 1일, 수요일입니다."

"300미터 앞에서 우회전입니다."

이 목소리의 주인공은 도대체 누구일까? 혹시 컴퓨터가 만들어 낸 인공 음성일까?

사실은 1992년부터 셀시오Celsior에 'GPS 보이스 내비게이션'이 탑재된 이후부터 그 후속 차량인 현재의 렉서스까지 한 사람의 동일한 여성이 모든 음성 안내를 했다고 한다. 이 사실에 놀라지 않을 수가 없다. 'O월', 'O일'이라는 말은 한 번 녹음해 두면 조합하는 방식으로 얼마든지 활용할 수 있다. 하지만, 'OO동 교차로'와 같은 구체적인 지명은 그렇게 할 수가 없다. '아, 에, 이, 오, 우'라고 한 음씩 녹음하여 이를 조합해서 말을 만드는 것이 아니라, 전국의 주요 교차로 지명을 모두 하나씩 녹음해야 한다. 그리고 지금도 변경 또는 추가할 내용이 있을 때마다 계속 녹음을 하고 있다고 한다.

"내비게이션을 녹음하는 여성을 한번 만나보고 싶네요!"

저자가 이 말을 전하자, 아즈마 씨가 말했다.

"사실 이분은 원래 아나운서 출신입니다. 그런데, 저도 상당히 오랫동안 이쪽 일을 하고 있지만 한 번도 만나본 적이 없네요. 렉서스에 들어가는 내비게이션은 '아이신 에이더블유AISIN AW'라는 회사가 만드는데, 그분도 만날 기회가 없었어요. 베일 속에 가려져 있어 오히려 좋은 거 같아요."

내비게이션 개발의 '잡학 지식' (2)
내비게이션의 공과 죄

내비게이션이 만들어지면서 자동차 운전이 편해진 것이 사실이다. 하지만 편해지는 만큼 잃는 것도 생긴다.

'내비게이션을 사용하면서 기억력이 떨어졌다'는 말을 자주 듣는다. 한 손에 지도책을 들고 목적지로 향하던 시절에는 한 번 갔던 곳을 다시 갈 때 손쉽게 원하는 곳에 도착하곤 했다. 그런데 내비게이션이 유도하는 대로 따라가면 갔던 곳을 여러 번 가더라도 길을 외우지 못한다. 아즈마 씨는 사내에서 '편리하지만 인간을 바보로 만드는 기계를 만들고 있다'는 말을 들었다고 한다.

하지만, '죄罪'가 있으면 '공功'도 있기 마련이다. 어느 날, 한 영업소에 고객의 의견이 접수되었다. '내비게이션 덕분에 부부 싸움이 줄었다'는 내용이었다. 남편이 운전을 하고 아내가 지도를 보면서 목적지로 향하던 시절에는 전국 곳곳의 관광지에서 말다툼이 끊이지 않았으리라. 많은 운전자들이 이 부분에 공감을 할 것 같다.

제품을 만드는 데 중요한 세 가지

1998년에 '도요타맵마스터Toyota Map Master'라는 회사가 탄생했다. 그때까지 도요타자동차의 내비게이션은 각기 다른 곳들에서 만들어지고 있었다. 즉, '셀시오'는 아이신 에이더블유, '크라운'은 덴소Denso, '마크 2'는 마츠시다전기산업(현 파나소닉)이 만드는 식이었다. 다만, 각각 이용하는 지도의 데이터는 동일했다.

하지만 이는 효율성이 떨어졌다. 그래서 도요타자동차가 52퍼센트를, 개발에 참여했던 각 회사들이 그 나머지를 출자해 도요타맵마스터를 설립했다. 즉, 내비게이션의 지도만 전문적으로 제작하는 회사를 만든 것이다. 아즈마 씨는 2007년 6월부터 부사장을 역임하다가 2013년 6월에 사장으로 취임했다. 내비게이션의 여명기부터 36년간을 같은 일에 종사한 것이다. 도요타자동차라는 거대한 조직 안에서 단 한 번도 다른 부서로 이동하지 않고, '오로지 한 길'을 걸어온 아즈마 씨의 경우는 극히 이례적이라고 한다.

그 아즈마 씨에게 세계 최초의 내비게이션을 연이어 개발할 수 있었던 이유를 물었다. 그러자 그는 다음과 같은 세 가지 이유를 들었다.

"첫 번째로, 진부한 이야기지만 열정을 갖고 임하는 겁니다. 두 번째로, 시대의 흐름을 읽을 줄 알아야 합니다. 즉, 사회적인 니즈가 존재하고, 회사는 투자가 가능해야 하며, 장래성이 있는 상품이라고 인정받는 '환경'이 마련되어야 한다는 의미죠. 세 번째로, 보이지 않는 음지에서 지원해주는 사람이 있었다는 점입니다. 저 같은 경우는 덴소와 같은 기업과 도요타의 부사장님을 들 수 있지요. 이 세 번째 이유는 어떤 일을 하든지 중요하지 않을까요?"

사실 저자는 그에게 "이 일을 하면서 힘든 적은 없으신 지요? 있다면 어떻게 극복하셨는지요?"라고 몇 번이고 질 문했었다. 그때마다 아즈마 씨는 고개를 갸웃거리며 "단 한 번도 고생했다고 생각한 적이 없습니다"라고 대답했다. 처 음에는 허세를 부린다고 생각했다. 아니면 대단한 허풍쟁 이든가…. 그러나 그는 정말로 이 일을 하면서 고생한다는 생각을 한 번도 한 적이 없었다고 한다.

"저는 항상 '세상에 이런 제품이 있으면 참 좋을 것 같은 데…'라고 생각하거나 재미있는 제품이 만들어질 것이라는 기대에 가슴이 뛰는, 그런 일을 열심히 해온 거 같습니다. 물론 아내에게 '당신은 일하고 결혼했어요?'라는 푸념도 종 종 듣지만요. '당신은 꼭 애 같아'라는 말도 듣습니다. 하하. 무언가에 몰두하면 아무 소리도 못 들으니까요."

아즈마 씨는 분명히 이런저런 고생을 했음이 틀림없다. 그러나 고생을 고생으로 느끼지 않을 정도로 연구에 몰두 하지 않았을까 생각한다. 그래서 자연스럽게 세계 최초의 내비게이션을 만들어 낼 수 있었을 것이다.

이 세상에 존재하지 않았던 것을 발명한 개척자들은 모두 이러한 삶을 살았음이 틀림없다.

욕심을 내서 스스로 배워라

아즈마 씨에게 제품을 만드는 일에 종사하는 젊은 사람들에게 전하고 싶은 메시지를 부탁했다.

"지금 눈앞에 놓여 있는 완성된 기계의 안 보이는 이면을 파악해야 합니다. 예를 들면, 만약 자동차가 고장났어도 지금은 그저 부품을 교체하면 모든 게 끝나죠. 그렇지만 제품을 만드는 사람은 엔진, 카뷰레터, 배터리 등 각각의 기술들을 모두 습득해야 합니다. 이를 통해 지난 과거의 수많은 기술자들이 만든 다양한 기술들을 알 수 있지요. 이렇게 배운 기술들을 보다 적극적으로 활용하면 훨씬 더 훌륭한 제품을 만들 수 있어요. 이로써 다음 단계로 도약할 수 있습니다. 이렇게 기술을 전승하는 것도 선배들이 해야 할 일이죠. 직장 내 훈련(OJT, On-the-Job Training)을 적극적으로 활용해야죠. 그러나 무엇보다 본인 스스로 배우고자 하는 자세가 중요합니다. 새로운 기술이 세상에 나오면 그 배경이 무엇인지를 스스로 찾아보고 학습해야 합니다. 이러한 과정들을 거침으로써 그 기술을 응용할 수 있게 됩니다."

아즈마 씨도 내비게이션에 브라운관을 탑재하려 했을 당시, 브라운관과 관련된 전문 서적을 닥치는 대로 읽었다고 한다. 브라운관에 대해 가르쳐 주기는커녕 아는 사람조차 주변에 없었기 때문이다. 하지만 스스로 찾아서 공부했기에 진정 자신의 것으로 만들 수 있었다고 한다. 어쩌면 아즈마 씨의 경우는 가난했던 어린 시절에서 비롯된 '헝그리 정신'이 자연스럽게 '스스로 배워야 한다'는 자세로 이어졌을지도 모른다.

세계 최초의 제품을 개발할 수 있었던 원천은 선배 기술자들이 개발했던 기술들을 착실하게 다시 습득하는 것에서부터 시작되었던 것이다. 이는 모든 '제품을 만드는 일'에 공통적으로 적용된다고 보는 것이 옳다.

자, 여기까지 '웰캡', '미라이', '내비게이션'처럼 요즘 흔한 제품에 초점을 맞춰 '도요타의 혼'을 파헤쳐 보았다. 이들은 자동차와 관련해 '빛'을 본 제품이다. 하지만 거의 주목을 받지 못하는 자동차 부품이 있다. 그것은 바로 '나사'이다. 다음 장에서는 도요타자동차의 하청 회사에서 '나사'를 만드는 비화에 대해 설명하고자 한다. 거기에도 물론 '도요타의 혼'이 줄기차게 흐르고 있었다.

TOYOTA SPIRIT

고생을 고생이라고 느끼지 못할 정도로 일에 몰입한다.

4장

최고의 안전을 지키는 나사 제조

보잘 것 없어 보이는
'나사' 하나도
하찮게 생각하지 않는다

'그까짓 나사? 그래도 나사!'
도요타의 성장과 함께한 93년

　누구든 가정에서 한 번쯤은 나사를 돌려봤을 것이다. 벽에 구멍을 뚫고 선반을 매달 때 플러스인지 마이너스인지 나사의 머리를 보고 적절한 드라이버를 찾기도 한다. 이렇게도 친숙한 '나사'이지만, 정작 우리는 이에 대해 깊이 생각해 본 적이 없다.

　누구나 한 번쯤은 이런 고충을 경험한 적이 있을 것이다.

나사 구멍에 나사를 넣고 죄려고 했는데 비스듬히 들어가
버려 움직이지 않는다. 그래서 이를 억지로 뽑으려고 하다
가 나사가 휘어져버리거나, 무리하게 끼워 넣으려고 하다
가 나사 머리가 망가져 버린 경험 말이다.

이러한 고충을 해결하기 위해 '누구라도 100퍼센트 간
편하게 죄일 수 있다'는 '스무스 인 볼트Smooth in bolt'를 개
발한 '메이드'라는 회사는 나사 업계에서 정평이 나 있다.
또한 메이드가 발명한 '스무스 인 볼트'는 전 세계의 생산
현장에서 사용되고 있다.

자, 그러면 여기서 퀴즈!
'한 대의 자동차에는 몇 개의 나사가 사용되고 있을까?'
아마 상상하는 것조차 쉽지 않을 것이다. 그렇다면 힌트
를 하나 주겠다. 차종에 따라 다르지만, 자동차 1대를 만들
때 사용되는 부품의 수는 약 3만 개라고 알려져 있다.

정답은 약 2,800개다.[1] '그렇게나 많아? 잘못 적은 거 아

---

1 차종에 따라 나사의 숫자는 약간의 차이가 있다.

냐?' 싶을 것이다. 도대체 이 많은 나사가 자동차의 어디에 사용될까? 하지만, 이 정도 개수의 나사 없이 자동차를 만드는 것은 결코 불가능하다.

'스무스 인 볼트'의 개발 비화와 더불어 하세가와 시로(長谷川士郎) 회장의 경영자 인생을 통해 '그까짓 나사? 그래도 나사!'의 이야기를 풀어 보고자 한다.

도요타의 초창기부터 나사를 납품했다

1924년에 메이드를 창업했다. 당시에는 하세가와 시로(長谷川士郎) 씨의 부친이 자동직기를 만드는 데 필요한 나사를 만들어 팔았다. 그 거래처 중에는 1926년에 도요타 사키치(豊田佐吉) 씨가 창업한 도요타자동직기도 포함되어 있었다. 당초에는 종합상사를 통해 납품했으나 품질과 가격 면에서 우수하다는 평가를 받은 뒤 직접 거래를 하게 되었다. 아직 도요타의 자동차가 이 세상에 나오기 이전의 이야기다.

드디어 1933년 도요타자동직기에 자동차 부서가 신설되었다. 메이드는 '자동차에 들어가는 나사도 만들어 주면 좋겠다'는 도요타의 요청을 받았다. 이로써 메이드는 도요타와 함께 자동차 제조의 첫발을 내딛은 것이다. 1937년에 자동차 부문이 독립되어 도요타자동차공업이 설립되었다. 그리고 제2차 세계대전이 끝난 이후 찾아온 경제 혼란기에 하세가와 씨는 종종 아버지를 따라 도요타자동차에 나사를 납품하러 가곤 했다. 아버지가 "지금 도요타에 간다!"고 외치면 가방을 내던지고 트럭에 올라타던 때, 하세가와 씨는 중학교 1~2학년 학생이었다.

하루는 도요타 에이지(豊田英二, 당시 도요타자동차공업의 부사장이었으며, 1967년에 사장으로 부임) 씨에게 호출을 받았다. 나사의 열처리가 잘못되어 불량품이 나온 것이다. 싹싹 빌고 있던 아버지의 옆에서 젊은 하세가와 시로가 "나사를 조이는 방법에도 문제가 있는 게 아닌가요?"라고 무심코 입을 열었다. 그러자 도요타 에이지 씨가 무지 험악한 표정을 지으며 말했다.

"이 바보 새끼가! 당신들과는 더 이상 거래 안 해!"

정말 거칠게 혼이 났다. 그러나 좋은 부품으로 좋은 자동차를 만들겠다는 열정에서 나온 것임을 서로가 너무 잘 알고 있었다. 하세가와 씨는 그 당시를 회상하며 말했다.

"돌아가는 길에 아버지한테서 '왜 쓸데없는 말을 했냐'고 야단 맞을 줄 알았어요. 그런데 그냥 말없이 웃으셨어요."

그 일 이후, 도요타 에이지 부사장과 기술에 대해 기탄 없이 이야기하는 사이가 되었다. 그리고 현재까지 다양한 시대의 고난을 극복하며, 메이드는 도요타자동차와 함께 발전할 수 있었다.

메이드가 하루에 생산하는 나사의 양은 자그마치 550만 개다. 이는 1개월이 아닌 하루 생산량이다! 무게로 따지면 250만 톤에 이른다. 이런 수치적인 설명으로는 상상하기 어려운가? 다른 비유를 들자면, 10톤 트럭 25대 분량의 나 사가 메이드의 3개 공장에서 도요타를 비롯한 여러 협력 회사로 매일매일 운반되고 있는 것이다.

2014년도에 메이드의 매출은 무려 299억 엔에 달했다. 메이드의 직원 수는 2015년 4월 1일 기준으로 990명이다. 하나에 몇십 엔에 불과한 '나사'를 주력 제품으로 하지만, 명실상부한 대기업인 것이다.

중요한 나사는 도요타의 공장에서
만드는 것이 원칙

도요타자동차의 생산 방식 하면 누구나 '저스트 인 타임 Just in time'을 떠올린다. 즉, 필요한 것을 필요할 때 필요한 만큼 조달하는 것이다. 부품을 납품하는 협력 회사는 지정한 시간에 도요타 공장에 제품을 운송한다.

이 때문에 도요타 본사에서 부품 하나하나를 설계하여 협력 회사에 제조를 발주하고, 납품받은 부품들을 조립만 한다고 오해하는 사람들이 많을 것 같다. 하세가와 씨가 이러한 오해를 바로잡아 주었다.

"도요타는 중요한 부품을 직접 만듭니다. 즉, '내제화內製化'를 하는 겁니다. 그 대표적인 것이 나사죠. 가령 엔진 부분의 피스톤을 멈추게 하는 데 필요한 나사와, 바퀴 주변의 타이어를 조이는 나사(허브 볼트)는 지금도 기본적으로 도요타 측에서 자체 제작을 하고 있어요. 그만큼 안전을 중요하게 생각한다는 증거입니다."

메이드는 도요타와 거래를 시작했을 당시부터 오랫동안 '중요하지 않은' 부분의 나사만을 납품했다고 한다. 예를 들어 자동차의 내장이나 바디 등 주행과는 직접적인 관련이 없는 부분의 나사를 납품하는 것이다. 그러나 글로벌 시대에 접어들어 도요타가 해외 공장에서 생산을 진행하게 되면서 부품을 현지에서 조달해야 하게 되었다. 그런데도 도요타 본사의 품질보증부는 이를 허락하지 않았다. "맡겨 주시기만 하면 잘 만들겠습니다"라는 부탁을 받아도 요지부동이었다.

약 20년 전부터 비로소 메이드에 '중요한' 부분에 쓰이는 나사의 발주가 들어왔다. 그리고 약 7년 전부터 해외 생산용 나사를 메이드가 제조하여 납품하고, 일본 국내 생산용 나사는 도요타가 미요시(三好) 공장에서 자체 제조하는 방식으로 분업을 하게 되었다. 이는 메이드의 품질이 그만큼 높음을 증명하는 것이다.

'자동차의 안전'이라는 말을 들으면 연상되는 소설이 있다. 바로 나오키(直木) 상을 수상한 작가 이케이도 준(池井戸潤) 씨의 작품인 《하늘을 나는 타이어》다. 이 소설은 주행하던 대형 트럭의 타이어가 떨어져 나가면서 사상자를 낸 실화를 바탕으로 쓰여졌다. 이 소설을 준비하면서 만났던 도요타맨들을 비롯한 도요타와 관련된 회사 사람들이 이구동성으로 했던 말이 있다고 한다.

"자동차는 안전이 제일입니다!"

그야말로 '그까짓 나사, 그래도 나사'가 아닐 수 없다. 나사 하나에도 '안전'이라는 막중한 무게를 올려놓는 도요타의 높은 정신을 느낄 수 있는 대목이다.

비츠에는 저렴한 나사를 쓰고,
렉서스에는 고급 나사를 쓴다?

대부분의 사람들은 렉서스와 같은 고급 자동차에는 상당히 고급스러운 부품이 쓰일 것이라 생각한다. 그래서 나사도 예외는 아닐 것이라 생각한다. 그러나 하세가와 씨는 이러한 생각을 단번에 일축했다.

"비츠Vitz든 렉서스든 사용되는 나사의 품질은 모두 동일합니다. 렉서스라서 특별히 고급 나사를 쓴다고 생각하면 오산이에요. 하물며 비츠라서 싸구려 나사를 쓰지도 않습니다. '그럼, 뭐가 다르냐?'고 물으신다면, 저는 '강성剛性'을 언급하렵니다. 나사에 압력을 가해 구부리거나 비틀 때 변형이 쉽게 되지 않는 경우를 '강성이 높다'고 하지요. 배기량이 1,200cc인 자동차도 있고, 4,000cc인 자동차도 있잖아요. 이에 따라 차체의 무게도 바뀝니다. 즉, 차종에 따라 필요한 강성이 달라요. 물론 대형 자동차일수록 강성이 높아지지요."

메이드는 현재 약 2,500종의 나사를 도요타에 납품하고 있다. 그 나사 하나하나마다 상품번호가 매겨져 있다. 또한 과거에 생산했던 자동차에 들어가는 '수리용 나사'까지 포함하면 약 6,000종의 나사를 제조하고 있는 것이다.

이 모든 제품을 동일한 방법으로 제조하고 있다.

하세가와 씨가 자랑스럽게 말했다.

"도요타가 렉서스를 개발할 당시 '이번에 최고급 브랜드의 자동차를 만들게 되었으니, 지금 납품하는 것보다 더 나은 나사를 만들어 주었으면 좋겠다'는 요청을 하더군요. 저는 '그건 잘못된 말씀 아닌가요? 저희는 도요타에서 출시하는 어떤 자동차를 위해서든 불량품을 만들지 않으려고 합니다'라고 대답했죠. 그러자 도요타 측에서 '맞는 말입니다'라고 하더군요. 메이드는 어떠한 나사든지 최선을 다해 만들고 있습니다."

그러나 도요타는 메이드에 다시 정중하게 요청했다.

"메이드가 최선을 다하는 것은 우리 모두 아는 사실 아닙니까. 그래도 렉서스용으로 쓰일 나사는 차별화시켜서 만들어 주었으면 합니다."

이 때문에 메이드에서는 렉서스용 나사를 만들기 위해 숙련된 기술자들만으로 팀을 구성하기로 결정했다. 사실 메이드의 생산 라인 전부가 불량률이 높은 편은 아니다. 다만 이 조치는 도요타의 렉서스 개발자들이 '최고의 대표 차량을 만들고 싶다'고 표현한 '의지'에 대해 메이드가 '마음'으로 보답한 것이라고 한다. 여기서 도요타와 메이드 간의 깊은 신뢰 관계를 엿볼 수 있다.

품질은 '표준치를 벗어나는' 정도다

현재 일본에는 약 3,000개의 나사 제조 업체가 있다. 그 중 대부분이 영세기업이며, 직원이 500명 이상인 기업은 불과 10개도 안된다. 사실 공작기계만 있으면 누구나 나사를 만들 수 있다. 그러나 중요한 것은 '어떻게 그 품질을 지속적으로 높게 유지할 수 있는가'이다. 이를 실현하는 기업만이 신뢰를 얻고 수주를 늘려 지속적으로 성장할 수 있다.

그렇다면 나사의 품질, 즉 정밀도의 우열은 어떻게 판단할 수 있을까? 알기 쉽도록 구 JIS(Japanese Industrial Standards, 일본공업규격)에서 규정한 나사의 3분류(1급 나사, 2급 나사, 3급 나사)로 설명하겠다.

1급 나사는 품질이 가장 우수한 나사다. 이는 나선 모양의 높낮이 차이(두께)가 들쭉날쭉하지 않고 안정되었음을 의미한다. 즉, 2급 나사, 3급 나사일수록 그 차이가 심해지는 것이다.

쉽게 설명하자면, 1급 나사는 100개를 만들면 100개 모두가 설계도와의 높낮이 차이, 즉 오차가 0.01밀리미터 정도라고 한다. 2급 나사는 100개를 만들면 1급 나사와 같이 0.01밀리미터 오차의 나사도 30개가 있지만, 나머지 70개는 0.02밀리미터의 오차가 난다. 3급 나사는 1급 나사가 5개, 2급 나사 20개가 포함되어 있지만, 나머지 75개가 0.03밀리미터 이상의 오차가 있다.[2]

---

2 이 수치와 개수는 어디까지나 '예'임을 밝힌다.

즉, '들쭉날쭉'하지 않는 정도에 따라 등급이 오르게 된다. 오차가 적어 고르게 생산되면 나사가 수축하거나 끊어질 우려가 그만큼 줄어들기 때문이다.

똑같은 기계로 만드는데
왜 품질 차이가 생길까?

똑같은 재료와 기계로 만드는데 왜 품질 차이가 생길까? 하세가와 씨에게 묻자 명쾌한 답변이 돌아왔다.

"물론 나사는 기계가 만듭니다. 금형에 재료를 넣고 압력을 가하면 나사 머리가 부풀면서 빠져나오죠. 나사에 나선 모양으로 홈을 파는 것도 동일합니다. 실제 공정에서는 자르는 것이 아니라, 금형으로 압력을 가해서 홈을 만드는 거예요. 금형은 금속으로 만들어져 있기 때문에 오래 사용하면 마모가 되죠. 이 마모가 클수록 점점 원래 치수와 오차가 생깁니다. 이는 금속피로(metal fatigue) 현상 때문이지요. 이로 인해 금형이 파손되는 경우도 있어요. 바로 이러한 원인들 때문에 '들쭉날쭉'이 나타나죠. 이런 '들쭉날쭉'을 줄이기 위해 금형을 제때 교체합니다. 예를 들어, 3급 나사를 만들 때는 그 금형으로 10만 번을 만든 후 금형을 교체합니다. 1급 나사의 경우에는 1만 번만에 금형을 교체하고요."

문득 판화 이야기가 생각났다. 가츠시카 호쿠사이(葛飾北齋, 일본 에도 시대의 컬러 목판화 작가)의 〈후가쿠 36경(富嶽三十六景)〉은 지금도 미술상이나 골동품점에서 쉽게 찾아볼 수 있는 작품이다. 하지만 가츠시카 호쿠사이가 판화를 찍은 상태에 따라 이 미술 작품의 가격은 하늘과 땅 차이다. 천만 엔을 호가하는 것이 있는가 하면, 단돈 천 엔에 살 수 있는 것도 있다. 가츠시카 호쿠사이가 최초로 찍은 판화는 나무와 파도의 세세한 선까지 드러나서 아름답다. 그러나 '목판 찍기'를 거듭하면 나무는 점차 마모되어 움푹 들어가게 된다. 이 목판처럼 금형 역시도 소모품인 것이다. 제조업에서 금형은 생명과도 같다. 게다가 가격도 비싸다. 그래서 나사의 '들쭉날쭉'을 줄이려면 당연히 비용은 늘어날 수밖에 없다.

메이드만의 '품질 향상 포인트 5'

메이드는 품질을 향상시키기 위해 다양한 노력을 해왔
다. 여기에서 메이드만의 '품질 향상 포인트 5'를 5단계의
기본 제조 공정으로 나누어 소개하겠다.

• **나사의 제1 가공 과정 '형상 성형'**
  - 불량품의 80퍼센트는 휴먼에러Human Error다

나사의 원재료인 합금강의 와이어는 코일 형상으로 감
긴 채 나사 공장에 운반된다. 이 원재료를 기계를 이용하여
일정 치수대로 절단한 다음, 금형과 금형 사이에 밀어넣어
형상을 성형하여 나사의 원형을 만드는 것이다. 이 시점에
서는 나사에 나선 모양이 만들어져 있지 않다.

열을 가하지 않고 상온(차가운 상태 그대로)에서 가공하기
때문에 '냉간 단조 가공'이라고 불린다. 여기에서 중요한 것
은 치수의 정밀도다. 1분마다 수백 개씩 만들어지기 때문
에 이 과정에서 이른바 '들쭉날쭉'이 생기는 것이다.

하세가와 씨는 불량품이 발생하는 것이 '당연하다'고 말
한다. 앞서 언급한 대로 금형은 오래 사용하면 마모되거나

파손되기 때문이다. 문제는 '금형의 마모 때문에 발생하는 불량품을 어떻게 제거할 것인가'이다.

그래서 100개 혹은 200개로 수량을 정해 놓고, 그 사이에 만들어진 샘플을 손으로 직접 검사한다. 이렇게 해서 만일 나사의 원형에 이상이 발견되면 '금형이 마모되었는지'를 체크한다. 소량 단위로 검사를 반복하면 만약 불량품을 찾더라도 그 시간대에 만들어진 나사만 폐기하면 되기 때문에 손실을 최소화할 수 있다. 이러한 검사 방법을 도입한 후부터 불량품이 현저하게 줄어들었다고 한다.

하세가와 씨가 담담하게 말했다.

"모든 검사는 눈으로 직접 보는 식으로 이루어집니다. 이를 작업자에게 전적으로 일임하죠. 문제는 눈으로 정확하게 100퍼센트 체크할 수 있느냐에 달렸습니다. 귀찮다고 '하나 정도는 괜찮겠지' 하는 마음으로 임한다면 큰일이 납니다. 불량품의 80퍼센트는 휴먼에러, 나머지 20퍼센트는 설비 결함 때문이거든요. 그러나 특별히 어려운 일은 아닙니다. 약속한 바를 제대로 지키면서 일을 하면 불량품은 절대 발생하지 않습니다."

• 나사의 제2 가공 과정 '나사 성형'

－ 누구나 손쉽게 조일 수 있는 나사를 개발한다

나사의 나선 모양은 금형과 금형 사이에서 나사를 돌리면서 만든다. 두 개의 톱니바퀴 사이를 통과하는 것과 같은 이미지를 생각하면 된다. 이렇듯 홈을 파는 식과는 다르기 때문에 금속 찌꺼기는 발생하지 않는다. 이런 공법을 '나사 전조 가공'이라고 부른다.

그 다음에 사람이 측정기를 사용해서 홈 깊이의 정밀도를 직접 육안으로 측정한다. 제1 가공 과정처럼 일정 수량을 정해놓고 검사함으로써 불량품 발생을 최소 단위로 억제하는 시스템이다.

작은 생각에서 비롯된 '큰 발명'

한번은 도요타 본사로부터 상담을 의뢰받았다.

"생산 라인에서 작업자가 나사를 잘못 조일 때마다 생산 라인 전부를 멈춰야 하는데요, 좋은 방법이 없겠어요?"

예전에는 '조립 전문가'가 생산 라인에서 일했었다. 그런데 점점 베테랑이 줄어들고 그 뒤 '아르바이트생'이 늘어났다. 이 때문에 "누가 작업하더라도 간단하게 조일 수 있는 나사를 개발해 주었으면 좋겠습니다"라고 요청을 한 것이었다. 즉, 숙련되지 않은 작업자가 일을 하다 보니 생산 라인이 자주 멈췄고, 결국 작업 효율이 저하되는 중대한 상황으로 이어졌던 것이다.

그래서 메이드가 세계 최초로 개발한 것이 '리무빙 볼트'와 '브로딩 볼트'라는 '스무스 인 볼트'였던 것이다.

'리무빙 볼트'는 나사 끝부분을 2단으로 나누어 만든다. 이렇게 함으로써 나사를 삽입할 때의 기울어짐이 수정되어 똑바로 들어갈 수 있게 된다. 용접하면서 남는 너트(나사를 넣는 구멍) 안의 금속 찌꺼기와 도료 같은 부착물들도 나사를 돌리면서 제거할 수 있기 때문에 일석이조의 효과를 볼 수 있는 대단한 발명이다.

'브로딩 볼트'는 나사의 가장 끝부분에 30도 각도의 경사를 만든다. 이렇게 함으로써 비스듬하게 삽입되더라도 너트에 걸리는 일 없이 정확히 맞물리게 된다.

'누구나 100퍼센트 간편하게 조일 수 있는 나사'는 업계에서는 혁명적인 제품이다. 그래서 특허도 출원했다. 그러

리무빙 볼트

비스듬히 들어가 눌러붙는 현상을 방지하는 기능

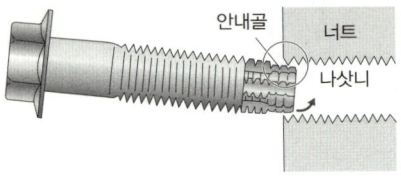

안내골　너트

나삿니

※눌러붙음
마찰면에서 마찰로 인해 열
이 발생해 금속의 일부가
녹아 상대 표면에 달라붙는
현상이다. 고정부와 회전부
사이에서 발생해 움직임을
멈추게 하는 경우도 있다.

① 볼트 끝부분의 '안내골'에 너트의 나삿니가 맞물려 볼트를 앞으로 유도한다.

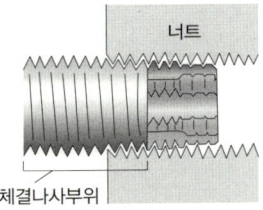

너트

체결나사부위

② 볼트의 '체결나사부위'가 너트로 삽입되면 비스듬한 기울기가 완전히 수정되어, 비스듬히 들어간 경우 발생하는 눌러붙음 현상이 해소된다.

부착물을 제거하는 기능

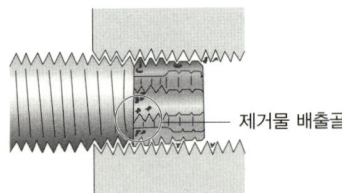

제거물 배출골

제거한 부착물은 '제거물 배출골'에 모여서 달라붙는 현상이 일어나지 않는다.

일러스트레이션 : 코사케쇼구 미카(小酒句未果)

면서도 누구나 만들 수 있도록 자료를 공개하고 있다고 한다. 이에 대한 하세가와 씨의 말은 이러했다.

"도요타의 협력 회사뿐만 아니라 다른 회사가 모방해도 좋다고 암묵적으로 허락한 겁니다. 제조업체들은 자동차 관련 특허를 많이 가지고 있습니다. 사실 특허를 취득하는 이유가 꼭 누군가에게 침해받지 않기 위한 것만은 아닙니다. 누군가가 먼저 특허를 취득했고, 그 사람으로부터 그에 대한 사용을 거부당하면 사용할 수가 없지요. 그래서 자신이 사용하는 데 방해를 받지 않으려고 취득하는 것일 뿐이죠. 그런 취지이기 때문에 저희는 '특허는 취득하되, 특허료를 받지 않고 무상으로 제공한다'는 겁니다. 이렇게 하나하나의 아이디어를 공유하면서 일본의 자동차 산업이 발전해온 것이죠."

이러한 기본 개념은 도요타가 2014년 12월에 발표한 세계 최초의 수소연료전지차인 '미라이'의 특허를 공개한 것과 같은 맥락이다.

어느 자동차 제조업체든 생산 라인이 멈추는 것은 중대한 문제다. 그러한 원인 중 하나를 메이드의 획기적인 아이디어로 개선한 것이다. 그 덕에 공장 전체의 작업 효율이 얼마나 향상되었는가는 도저히 측정할 수 없다. 역시 '그까짓 나사, 그래도 나사'인 것이다. 하세가와 씨가 말했다.

"사용하기 편리한 나사를 어떻게 만들지에 대해 매일매일 고민하고 제안하는 것이 우리들의 사명입니다."

• 나사의 제 3 가공 과정 '열처리'
– '단단한 것이 곧 좋은 것'은 아니다

메이드가 만들고 있는 것은 가장 강도가 높은 등급의 나사다. 원재료는 '합금강'이다. 탄소강으로만 만들면 단단해질 수는 있지만 깨지기가 쉽다. 그래서 탄소강에 크롬과 몰리브덴이라는 금속을 첨가해서 탄력성을 만들어 낸다.

나사에 나선형 홈을 만든 후 열을 가해 조직 구조를 바꾸는 방법으로 단단하게 만든다. 약 880도의 고온 가마에서 빨갛게 구워낸 직후에 80도 정도의 온도로 맞춰진 기름에 담근다. 이렇게 급랭시킴으로써 조직 구조를 바꿔 단단하게 만드는 것이다. 그러나 그저 단단하게만 하면 '깨지기 쉬워'진다. 그래서 이번에는 520~525도의 온도로 설정된 가마에서 다시 굽는다. 이렇게 두 번에 걸친 열처리 공정을 통해 '탄력성'이 붙는 것이다.

단단한 나사가 고급 제품인 것은 아니다. 그렇다고 또 단단하지 않으면 늘어나서 사용할 수 없다. 이와 관련하여 '고층빌딩의 내진 구조'를 떠올려 보면 된다. 지진에 따른 흔들림으로 넘어져 부서지는 위험을 방지하려면 튼튼해야 할 뿐만 아니라 '흔들림을 흡수해야' 한다. 사람이 살아가는 방법도 크게 다르지 않은 것 같다. 정말 훌륭한 사람은 그저 강한 마음뿐 아니라 곤경에 처했을 때 부러지지 않는, 버드나무의 가지처럼 유연한 마음도 가지고 있다.

적정한 '단단함'과 '탄력성'을 갖추고, 그 위에 '들쭉날쭉' 같은 품질의 격차가 없는 나사를 만드는 것이 메이드가 자랑하는 기술이라고 한다.

• 나사의 제 4 가공 과정 '표면 처리'
 – 녹슬지 않는 나사를 만들기 위한 발명을 한다

나사는 녹슨다. 나사에 녹이 슬면 약해져 부서지기 쉽다. 안전이 최우선인 자동차에 녹은 최대의 적이다. 눈이 많은 지역에서는 동절기에 미끄럼 방지를 위해 도로에 소금을 뿌리기 때문에 자동차에 녹이 스는 피해가 자주 발생한다. 섬 지역인 오키나와에서도 염분 때문에 자동차가 빨리 상한다고 한다.

이러한 피해를 막기 위해 메이드는 '다크로Dacro(현 상품명 지오멧Geomet)'라는 부식에 강한 표면처리제를 개발했다. 이전의 아연 도금에 비해 비용은 30퍼센트 정도 더 들지만, 나사의 부식성을 무려 5~10배나 낮추는 데 성공했다. 다크로로 처리한 나사의 도입을 도요타에 제안한 후 1년의 실험을 거쳐 채택이 결정되었다.

메이드는 1974년에 다크로를 개발·제조·판매하기 위해 MC시스템즈를 설립했다. 현재 다크로 표면처리 가공 공법은 세계 표준이 되었고, MC시스템즈 그룹의 2014년도 매출은 107억 엔에 달했다.

'나사를 녹슬지 않게 하려면 어떻게 해야 하는가?'

이에 대한 대책으로서 개발한 상품이 또 다른 경영의 중요한 축으로 성장하고 있는 것이다.

• 나사의 제 5 가공 과정 '표면 처리'

– 느슨해지지 않는 나사를 만들기 위한 발명을 한다

벌써 40여 년 전의 일이다. 도요타로부터 연이어 클레임을 받았다. '나사가 느슨해졌다', '나사가 부러졌다' 같은 내용이었다. 나사 그 자체에 결함이 있었던 것은 아니었다. 문제는 나사를 넣어 조이는 부품의 구멍(너트)에 수분과 엔진오일이 들어갔기 때문이었다.

그래서 개발한 것이 수용성 수지피막의 '나사용 마찰계수 안정제'이다.

두 개의 물체가 평행하게 접촉할 때 평행하게 움직이는 힘이 '마찰력'이다. 이 마찰력을 측정하는 것이 '마찰계수'이다. 나사를 조일 때에도 마찰이 중요한 역할을 한다. 그러나 마찰력이 강할수록 좋은 것은 아니다. 마찰력을 측정하는 마찰계수의 '들쭉날쭉'이 문제가 되기 때문이다. 이번 장에서 몇 번이나 '들쭉날쭉'이라는 단어가 키워드로 등장했기 때문에 이제는 이에 대해 잘 알고 있을 것이다.

나사 전체에 이 나사용 마찰계수 안정제를 칠하자 구멍에 수분과 기름이 붙어도(아무 것도 붙지 않아도) '들쭉날쭉'이 없이 낮은 마찰계수로 안정적으로 적정하게 조이는 것이 가능해졌다. 게다가 나사 그 자체의 기능을 향상시킴으로써 나사의 경량화와 비용 절감으로 이어졌다.

이 나사용 마찰계수 안정제는 '토커 시리즈torquer series'라는 상품명으로 '지오멧'과 같이 MC시스템즈 그룹의 주력

상품이 되어 전 세계에서 사용되고 있다. 이것 역시 특허를 취득했지만, 관련 내용은 모두 공개하고 있다.

하나를 잘 만들기는 쉽지만, 100만 개를 잘 만들기는 어렵다

하세가와 씨는 힘주어 이렇게 말했다.

"이 다섯 가지 공정에 더해 다양한 아이디어와 체크 기능이 움직이고 있습니다. 전 세계에는 수많은 나사 제조업체가 있습니다. 나사는 누구나 쉽게 만들 수 있기 때문에 기술의 진입장벽이 낮은 편이거든요. 그러나 하루에 550만 개의 나사를 만들면서 단 하나의 불량품도 발생시켜서는 안됩니다. 사람의 목숨을 싣고 달리는 자동차의 중대한 부품이니까요. 하나를 훌륭하게 만드는 것은 어쩌면 간단한 작업일지도 모릅니다. 그러나 100만 개, 1000만 개를 그렇게 만들려면 엄청난 노력이 필요해요. 단단해야 하는 강도기준의 합격 범위가 가령 50~55라고 합시다. 3류 업체는 50~55의 범위를 힘겹게 겨우 맞춥니다. 그중에는 60처럼 범위를 벗어난 나사도 포함되죠. 이게 뭘 의미하겠습니까? 불량품이라는 거예요. 그런데 우리 회사는 50~53의 범위에 모두 들어가도록 만들고 있어요. 앞에서 여러 차례 '들쭉날쭉'이라는 표현으로 설명을 했습니다. 이 '들쭉날쭉'을 없앨 수 있는 노하우, 이게 바로 신흥국 업체와 우리 회사가 크게 다른 점입니다."

도요타가 세계 최고가 된
가장 중요한 이유

나사 하나를 예를 들어 설명해 보겠다. 메이드가 하나에 13엔의 가격으로 도요타에 판매하는 나사가 있다고 하자. 그런데 다른 나사 제조업체의 영업사원이 도요타에 "우리는 10엔에 납품할 수 있습니다"라고 하며 팔러 왔다. 다른 자동차 회사라면 같은 제품일 경우 저렴한 쪽을 구입한다. 아니, 많은 경우가 그렇게 할 것이다.

그러나 도요타는 이에 대해 자사의 거래처인 메이드에 상담을 요청한다.

"다른 곳에서 10엔에 납품하겠다고 제안을 하는데, 1년의 시간을 줄테니 메이드도 10엔에 맞출 수 있도록 연구를 좀 해주었으면 좋겠습니다."

이럴 때 하세가와 씨는 겉으로는 평정심을 유지하며 이렇게 대답했다고 한다.

"팔고 싶다는 욕심에 싸게 제안할 뿐이죠. 그런 이야기를 액면 그대로 받아들이면 안 됩니다."

그러나 그는 내심 엄청난 자극을 받았다고 한다.

'이래서는 안 되겠다. 우리도 10엔에 만들 수 있도록 노력해야겠어!'

이런 생각을 갖고 사내에서 '10엔이 무리라면 11엔으로라도 만들 수 있도록 노력하자'고 모두를 독려하며 마음을 새롭게 다진다고 한다.

"거래처를 믿고 이러한 의논을 하기 때문에 우수한 신제품을 개발하기 위한 설비를 도입하는 등 선행 투자도 할 수 있는 겁니다. 도요타자동차는 눈앞의 이익으로만 판단하지 않아요. 도요타의 하청기업과 협력회사를 가족처럼 소중히 여기는 것, 이러한 신뢰 관계 구축이 도요타자동차가 세계 제일이 될 수 있었던 가장 중요한 원동력입니다."

불량품을 만들지 않는
가장 좋은 방법은 '인간 교육'

하세가와 씨는 '불량품은 당연히 발생하는 것이다'라고
단언한다. 그리고 그 불량품의 80퍼센트가 '사람'에 의한
것이라고 말한다. 그렇다면 이러한 휴먼에러를 없애려면
무엇을 해야 할까?

앞에서 100개 혹은 200개의 수량을 정한 뒤 그 사이에
만들어진 샘플을 검사하는 시스템에 대해 설명했다. 그러
나 이것은 근본적인 해결책이 아니다. 그 검사도 사람이 하
기 때문이다. 게으름과 얼버무리기는 인간의 본성이다. 이
렇듯 좀 심술궂은 이야기를 하세가와 씨에게 했다.

"사람은 정말 큰일이 일어나지 않는 한 변하지 않는다는
말을 들었습니다. '전력왕電力王'으로 불리는 마츠나가 야
스자에몬(松永安左エ門)은 이런 말을 했다지요. '투병, 노숙
자 생활, 투옥, 파산과 같은 크나큰 좌절을 맛보지 않고는
사람은 바뀌지 않는다'고요. 시스템을 갖추더라도 사람의
마음이 바뀌지 않는다면 불량품은 없어지지 않겠지요?"

이런 질문에 하세가와 씨는 진지하게 이렇게 대답했다.

"나사를 만드는 제조업은 원래 절대로 적자를 내지 않는 분야입니다. 처음부터 적자를 낼 일을 영업사원이 따오지 않으니까요. 불량품이 나오니까 적자가 되는 거죠. 물건을 확실하게 만들면 이익은 자연스럽게 따라옵니다. 그렇기 때문에 저는 부모님에게서 이 회사를 물려받은 뒤 줄곧 불량품을 내지 않는 걸 경영 신조로 삼아왔습니다. 사람이 중요합니다. 그래서 이익을 내고 싶다면 '직원 한 사람 한 사람에 대한 인간 교육'을 중요하게 여겨야 합니다. 예를 들어 5S를 제대로 지키도록 하는 거 말입니다."

철저한 5S가 불량품을 방지한다

정해진 작업 공정에 따라 정해진 일을 정확하게 처리한다. 그러기 위해서는 먼저 5S를 철저히 하는 것이 중요하다고 한다. 정리(SEIRI), 정돈(SEITON), 청소(SEISO), 청결(SEIKETSU), 훈육(SHITSUKE)이라는 다섯 가지가 평상시에 잘 이루어진다면 생산성이 좋고 불량품도 발생하지 않는다. 하세가와 씨가 말했다.

"쉽게 설명해 보죠. 먼저 '정리'와 '정돈'입니다. 기계 주변에 불필요한 것들이 흩어져 있으면 기계 그 자체의 결함을 발견하기가 어려워져요. 일하는 공간이 깔끔해야 잠깐보더라도 이상한 점을 금방 알아차릴 수 있습니다. 다음은 '청소'인데요. 기계를 청소하면 볼트가 느슨해졌는지 금형이 마모되었는지를 알 수 있어요. 불량품이 발생하기 전에 미리 고칠 수가 있는 거죠. 이렇게 하면 기계 때문에 작업 공정이 멈추는 일이 없어져 생산성이 좋아져요."

메이드의 공장에서는 매일 점심 시간 직후인 12시 55분에서 1시 5분까지 10분간 청소를 한다. 그리고 항상 관리직 직원이 점검을 한다. 게다가 회장 스스로 매달 한 번씩각 작업 현장을 체크하며 순회한다. '청소'도 중요한 일의일부임을 인식하고 있는 것이다.

"다음은 공장을 '청결'하게 유지하는 겁니다. 종종 다른회사 사람들이 메이드로 견학을 오면 '왜 이렇게 바닥이 깨끗한가요?' 하며 물어요. 그 비결은 이렇습니다. 우리 회사에서는 더러운 것을 처음 발견한 사람이 곧바로 닦아야 한다는 규칙이 있거든요. 나사를 만들려면 기름이 필요합니다. 상온에서는 차가운 기름도 가공 작업을 시작하면 400도

정도의 고온으로 올라가요. 이렇게 되면 열이 발생해서 공장 안에 연기가 자욱하게 낍니다. 심지어 기름이 튀어오르는 경우도 있죠. 이때 기름이 바닥에 떨어져 차갑게 식으면 끈적끈적하게 달라붙어요. 그래서 이를 재빨리 제거하는 것이 무엇보다 중요합니다. 마지막으로, '훈육'이란 말 그대로 교육이죠. 항상 직원과 얼굴을 맞댈 때마다 서로 소통하면서 지속적으로 주의를 줍니다."

능력보다 '노력'을 평가한다

나사를 만드는 공정에서 어려운 것은 하나도 없다. 누구라도 할 수 있는 작업이다. 거듭 강조하지만 '정해진 것을 제대로 하는 것'이 가장 중요하다. '약속한 것을 지킨다', '바닥에 기름이 떨어져 있다면 곧바로 닦는다', '설비를 깨끗하게 관리한다', '영업사원은 견적서를 타사보다 빨리 제출한다', '인사를 바르게 한다' 등 누구라도 할 수 있는 기본적인 것들뿐이다. 하세가와 씨는 이런 말도 했다.

"항상 '능력자를 찾기보다 노력하는 사람을 평가하고 있다'는 말을 직원들에게 자주 합니다. 능력은 선천적으로 타고나는 부분이 크지만, 노력은 후천적인 본인의 의지로 할 수 있거든요. 노력을 통해 사람이 성장하고 변화할 수 있으니까요. 그렇다고 해서 죽을 힘을 다해 열심히 하라고까지는 하지 않아요. 몇 번이고 반복해서 말을 했지만, '정해진 것'을 제대로 하면 됩니다. 단지 그것뿐이에요. 이렇게 직원이 성장하면 회사도 성장할 수 있다고 생각해요."

애사심은 직원을 소중히 여기는 경영 자세에서 만들어진다

'교육'에 대해 하세가와 씨는 이런 말도 했다.

"우리 회사는 그동안 고용만큼은 반드시 유지시킨다는 경영 방침을 관철해 왔습니다. 2008년에 리먼 사태가 발생했을 당시 다른 회사들은 인원 감축을 단행했지요. 하지만 저흰 단 한 명의 해고자도 없었죠. 정년을 훌쩍 넘긴 70세의 직원에게도 '아직도 얼마든지 일을 하실 수 있다'고 말해요. 정년이 지나서도 일을 할 수 있는 회사라고 생각하면 자연스럽게 '애사심'을 갖기 마련이지요. 3년에 한 번은 전 직원이 해외여행을 가는데, 해외여행을 가는 해에 리먼 사태가 일어난 거예요. 60퍼센트의 감축 생산에 돌입했습니다. 부장 회의에서 해외여행을 취소하기로 결정했다고 보고를 받았고요. 그런데 저는 '다녀오라'고 했어요. 이러면 직원도 안심하게 됩니다. 모두가 불안해 할 때 오히려 대범한 태도를 보이는 것, 이것이 애사심을 불러일으킬 수 있다고 저는 믿고 있습니다."

'공격이 최선의 방어'―데밍상 대상을 수상하다

미국에서 생산하는 도요타자동차의 중요 보안 부품 제조 의뢰가 있었을 때의 일이다. 지금보다 훨씬 더 불량품 관리를 철저히 하여 제조해야 했다. 만약 불량품이 나오면 메이드 자체가 도산할 수도 있다는 위기감에 휩싸였다. 한층 더 강력한 품질 관리가 필요했다.

당시 공교롭게도 리먼 사태가 발생했고, 그래서 직원들은 잔업이 없다 보니 작업을 하면서 여유가 생겼다. 그래서 이번 기회에 전사적으로 데밍상(Deming Prize)에 도전하기로 했다. 데밍상은 일본공업계의 품질 관리 발전에 공헌한 미국의 윌리엄 에드워드 데밍의 공적을 기념하여 일본과학기술연맹(JUSE)이 창설한 상이다. 이후 데밍상의 대상大賞도 만들어졌다. 데밍상의 대상이란 1996년에 도쿄에서 개최된 세계 최초의 품질 관리 국제회의를 기념해서 만들어진, 세계에서 가장 권위 있는 '품질 관리' 상이다. 그동안 이 상을 수상한 기업 명단에는 도요타자동차, 아이싱정기, 다케나카공무점, 고마츠제작소 등 일본을 대표하는 대기업의 이름들이 올라있다.

메이드는 상당히 엄격한 조건을 충족했기에 2010년에 데밍상을 수상했다. 또한 데밍상을 수상한 뒤 적어도 5년 뒤에나 받을 수 있다는 데밍상의 대상을 불과 3년 만인 2013년에 획득했다. 불경기 속에서 업태를 축소해 방어적인 자세를 취하는 대신, 직원 교육을 철저히 하면서 데밍상의 대상을 받기 위해 노력한 것이 오히려 최선의 방어가 되었다. 그 덕에 '들쭉날쭉'을 보다 더 확실하게 없앨 수 있었다고 한다.

지금까지 '제품을 만드는 것'에 대한 '도요타의 혼'을 소개했다. 그러나 자동차를 만들고 난 후 누군가가 팔지 않는다면 우리들은 탈 수가 없을 것이다. '파는 일'은 그저 단순히 돈을 받고 이용자에게 물건을 건네는 것만을 의미하지 않는다. 자동차를 만든 사람의 '생각'을 전달하는 것이기도 하다. 이러한 '생각'은 구매한 사람이 자동차를 아끼는 마음으로 이어진다. 여기에도 '도요타의 혼'이 존재한다.

도요타 판매점의 넘버원No.1 영업사원은 자신만의 '일하는 노하우'를 조용히 풀어놓기 시작했다.

TOYOTA SPIRIT

정해진 일을 제대로 한다

5장

렉서스 '판매 방식'

넘버원 영업사원은
당연한 것을
중요하게 여긴다

'킹 오브 렉서스'로 불리는
넘버원 영업사원

　나고야에 '킹 오브 렉서스King of Lexus'로 불리는, 경쟁 회사는 물론 같은 지역의 다른 렉서스 영업소(별도의 경영 모체)들도 경이로운 존재로 여기는 영업소가 있다.

　바로 '렉서스 호시가오카(星が丘)'이다.

　렉서스 호시가오카의 연간 판매대수는 항상 1~2위를 다툰다. 그리고 전국의 렉서스를 구매한 고객들의 설문 결과에 따른 고객만족도(CS)와 판매대수를 합치면 최상위의 평가를 받고 있다. 인터넷 개인 블로그에도 렉서스 호시가오카에 얽힌 수많은 사연이 '렉서스 신화'로 소개되어 있으며, 자동차 딜러들의 동호인 사이트에서도 최고 등급의 평가를 받고 있다.

이런 경탄할 만한 접객 태도를 PHP 연구소가 펴낸《넘버원 도요타의 접객 - 렉서스 호시가오카의 기적》에서 소개했었다. 하루에 천 번이 넘게 인사를 하는 영업소의 경비원 이야기, 수백 명이 넘는 고객의 전화번호만 보고도 그 고객들의 이름을 하나하나 암기하는 직원의 이야기 등이 TV와 신문에 소개되면서 화제가 되었다. 렉서스 호시가오카는 이제 일본은 물론 미국과 유럽, 중국에서까지 견학을 오는 관광 명소로 자리 잡은 유명한 존재가 되었다.

야마시타 다이스케(山下大輔)는 약관 36세로 이 자동차 영업소에서 일하는 10명의 영업사원들을 이끌고 있는 매니저다. 그냥 영업사원이던 시절에는 판매대수로 전국 1위를 달성한 경험을 가지고 있다.

야마시타 씨의 '일하는 방법'을 통해 도요타의 자동차가 어떻게 '신뢰'를 구축했는지에 대해 이야기하겠다.

사실 야마시타 씨는 '불합격이었다?'

　이번에 야마시타 씨를 인터뷰하기에 앞서 깜짝 놀랄 에피소드 하나를 들을 수 있었다. 야마시타 씨가 렉서스 호시가오카의 경영 모체인 키릭스Kirix 그룹에서 입사시험을 봤을 때의 일이다. 그 당시 채용 담당자였던 야마구치 미네시(山口峰伺, 현재 키릭스 사장) 씨는 이렇게 말했다. 면접시험이 끝나고 야마구치 씨는 야마시타 씨의 입사지원서를 '불합격' 상자에 넣었다. 그의 대학 성적이 매우 낮았고, 이해력도 보통 수준이었기 때문이다. 그래서 '이 친구는 회사를 놀려고 다닐 사람이다'라고 생각했다는 것이다. 하지만 야마구치 씨는 모든 면접을 끝마치고 언제나처럼 '합격', '불합격' 상자 안에 있는 입사지원서를 한 번 더 체크했다.

　'불합격' 상자 안에 있던 야마시타 씨의 입사지원서를 손에 쥐었을 때의 일이다. 뭐라 설명하기 어려운 그의 웃는 얼굴이 눈에 띄었다고 한다. 그것은 말로 표현할 수 있는 게 아니었다. 너무 신경이 쓰여 다른 일을 할 수가 없을 정도였다. 면접 점수는 좋지 않았지만 밝고 건강한 인상이 너무 좋았다. '사람들이 좋아하는, 아니 사랑할 것 같은 타입'

이라는 생각이 들었다. 그래서 '합격' 상자로 옮겼다.

사실 자신의 느낌으로 야마시타 씨를 뽑은 야마구치 씨는, 그가 이후에 이렇게까지 엄청난 '잭팟'을 터뜨리라고는 상상도 못했다고 한다.

공부가 싫어 놀면서
아르바이트로 보낸 학창 시절

야마시타 씨는 초등학생 때부터 고등학생 때까지 거의 공부를 하지 않았다고 한다. "왜 안하셨나요?"라고 저자가 묻자, "흥미가 없었거든요"라고 솔직담백하게 대답했다.

그래도 야마시타 씨는 고등학생이 되자 이과를 선택한 뒤 공학 계열의 대학교를 목표로 공부에 매진했다. 하지만 지원한 대학교에 모두 불합격했다. 야마시타 씨는 하는 수 없이 문과 계열의 대학교에 들어갔다. 원래 공부를 좋아하지 않은 데다, 흥미도 없던 경제학부에 들어갔다. 그래서 대부분의 수업 시간을 '땡땡이치면서' 매일 같이 아르바이트와 놀이로 시간을 보냈다.

야마시타 씨가 아르바이트를 했던 곳은 전국적인 체인 사업을 하던 노래방이었다. 목적은 당연히 돈이었다. 그는 심야 아르바이트가 끝나면 곧바로 친구들과 바다로 놀러 가거나 바비큐 파티를 벌였다. 일을 해서 다른 학생들보다 돈이 많다 보니 친구들로부터 자주 '우두머리' 같은 대접을 받았다고 한다.

야마시타 씨는 3학년이 되고 나서야 학점이 부족하다는 것을 깨닫고 허둥지둥 수업을 듣기 시작했다. 그러나 그 것도 최소한에 머물렀고, 그럭저럭 대학 생활을 보내는 사이에 '구직 활동'을 해야 할 시기가 다가왔다. 당시 그는 '일이란 돈을 벌기 위해서 하는 것이다'라고 생각했다. 그래서 초봉이 높은 기업을 찾았는데, 네츠 도요타Netz Toyota 히가시 나고야 주식회사와 키릭스 리스Kirix Lease 등을 산하에 두고 있는 키릭스 그룹의 모집공고를 봤다.

면접까지 볼 수 있었던 곳은 이 회사뿐이었다. 그리고 합격통지서를 받았다(처음에는 불합격이었음을 본인은 몰랐다). 대학교 4학년 봄에 이미 입사가 내정된지라, 그는 졸업을 할 때까지 또 다시 아르바이트와 노는 데 열중했다. 그 후 키릭스 그룹에 입사했다. 신입이라 3개월간의 연수가 있었다. 그러나 별로 좋아하지도 않는 자동차 이야기만 잔뜩 듣다 보니 꾸벅꾸벅 졸기 일쑤였다. 입사 동기는 그룹 각 사를 모두 합쳐 40명이었다. 그 동료들과 '끝나면 오늘은 어디로 한잔하러 갈까' 생각하는 등 놀 궁리만 했다. 그러다 보니 연수 내용은 조금도 머리에 들어오지 않았다.

다른 동기들은 대부분 자동차가 너무 좋아서 입사한 사람들이었다. 술을 마시는 자리에서도 온통 자동차 이야기뿐이었다. 게다가 자동차에 대해 너무도 잘 알고 있었다. 반면에 야마시타 씨는 자동차에 큰 관심도 없었을 뿐더러 잘 알지도 못했다. 그런 까닭에 야마시타 씨는 훗날 "네가 회사를 제일 먼저 그만둘 거라고 생각했었다"는 말을 선배들에게서 들었다고 한다.

'지고는 못 사는' 심성에 불이 붙다

야마시타 씨는 연수가 끝난 후 '네츠 도요타 히가시 나고야'의 닛신(日進)역 앞 영업소로 발령을 받았다. 그곳은 나고야 근교의 신흥 주택 지역이었다. 마침 그 무렵 도요타자동차에서 알파드Alphard가 막 출시되어 가족 단위의 고객들 사이에서 폭발적인 인기를 끌었고, 기록적인 판매가 이어지고 있었다. 야마시타 씨가 영업을 나가지 않아도 알피드를 사려는 고객들의 방문이 끊임없이 이어졌다. 그는 고객 응대만 할 뿐인데도 바쁜 나날을 보내야 했다.

그런데, 연수 내내 잠만 잤으니 고객이 자동차에 대해 질문해도 제대로 답변을 할 수가 없었다. 심지어 고객이 구매 의사를 밝혀도 계약서 하나조차 올바르게 작성할 수가 없었다. 그는 당황한 나머지 지점장에게 달려가 "고객이 자동차를 사시겠다고 합니다!"라고 말하고, 수속의 대부분을 지점장에게 부탁할 수밖에 없었다고 한다. 스스로 하는 일도 없이 영업소의 판매대수만 늘어갔다. 하나부터 열까지 모두 도와준 지점장 덕분에 일이 진행될 수 있었다.

1년이 지나 결산을 앞두고 있던 3월 초까지 야마시타 씨는 60대 가까이를 판매했다. 물론 지점장을 비롯하여 선배들의 도움 덕분임을 야마시타 씨 본인이 가장 잘 알고 있었다. 그는 연수를 같이 받고 다른 영업소에 발령을 받은 동기인 남자 직원과 자신이 '판매왕' 자리를 놓고 경쟁하고 있다는 사실을 알게 되었다. 지점장이 "조금만 더하면 자네가 1등일세!"라고 격려해 주기까지 했다. 그렇지만 결국 세대의 차이로 2위에 머물렀다.

그러나 고객이 작성한 설문조사를 근거로 하는 고객만족도(CS) 평가가 탁월한 점이 종합 평가에 반영되었다. 그 덕에 야마시타 씨는 사내의 최우수 신입직원상을 수상할 수 있었다. 그는 부상으로 휴가를 받아 오스트레일리아로 여행을 갈 수 있었다. 하지만 조금도 기쁘지 않았다. 전국 어느 영업소라도 연간 100대를 팔면 '톱클래스'라고 불린다. 따라서 입사 1년차에 60대를 판 것은 엄청난 실적이라 할 수 있다. 그러나 판매대수 경쟁에서 입사동기에게 진 것이 너무도 분해서 참을 수가 없었다.

'왜 이렇게 분하지?'

문득 야마시타 씨는 대학생 때 했던 아르바이트를 떠올렸다. 노래방에서 일할 때에는 본사의 정사원들과 지점장들이 전근 형태로 순환근무를 했다. 그는 오랫동안 아르바이트를 했기 때문에 가게에 대해 누구보다 더 잘 알고 있다는 자부심이 있었다. 정사원은 물론 지점장에게도 지고 싶지 않다는 마음을 품고 일에 열중했었다.

'누구에게도 지고 싶지 않다. 최고가 되고 싶다!'

야마시타 씨의 '지고는 못 사는 심성'에 다시 한 번 불이 붙는 순간이었다.

야마시타 씨는 '최고의 영업사원이 되려면 어떻게 해야 할지'에 대해 생각했다. 먼저 자동차 분야의 전문가가 되어야 한다는 것을 깨달았다. 늦은 감은 있었지만 최고가 되기 위해 '흥미를 가져 본 적이 없던' 자동차에 대해 공부하기 시작했다. 그것은 학생 때 하던 '공부'와는 달리 마른 땅에 물이 스며들듯이 빠르게 흡수할 수 있었다.

휴일에는 도요타의 타 매장(도요타 영업소, 도요펫Toyopet 영업소 등)은 물론 경쟁사의 영업소까지 돌아다녔다. 자신이 취급하던 차종의 경쟁차를 시승해 보기도 하고, 카탈로그를 모으는 등 오로지 일만 하기 시작했다.

고객만족도 넘버원이 목표다!
'상품력'만큼 중요한 바로 그것

야마시타 씨는 1년간의 영업 활동을 통해 깨달은 것이

하나 있었다. 그 깨달음은 '고객들이 정말 자동차를 사러 오는 것일까?'라는 의문에서 시작되었다. 예를 들어, 고객과 상담을 하는 동안 자신이 추천하는 자동차보다 경쟁사인 닛산이나 혼다의 자동차를 더 선호하고 있다는 기분이 들었다. 즉, 고객이 자신이 좋아하는 차에 대한 확신을 가지기 위해 비교해 보려고 온 것일 수도 있다. 그렇다면 야마시타 씨가 그런 고객의 마음을 돌리는 것은 불가능하다.

그러나 방법이 전혀 없는 것은 아니다. 그런 고객일지라도 자신이 추천하는 자동차를 사는 경우가 있기 때문이다. '상품력'에 차이가 있더라도 애프터서비스까지 고려하다 보면 도요타의 제품을 선택하게 되는 것이다. 고객은 아직 구매하기 전이므로 '구입한 뒤의 일'은 알 수가 없다. 그래서 고객이 영업하는 사람을 '신뢰하도록' 만든다면 구매로 이어질 수 있다.

지금도 야마시타 씨는 계약서를 쓰는 도중에 고객에게서 이런 말을 종종 듣는다고 한다.

"사실은 말이죠. 저는 저쪽 회사의 차가 좋았었습니다."

아직 구매하기도 전이고 타보지도 않았다. 그렇기 때문에 '고객만족'과 같은 것은 발생하지도 않았다. 그러니까 상담할 때의 '인간력'이라고나 할까. 즉, 고객에게서 얼마만큼 사랑을 받을 수 있는지, 얼마만큼 신뢰를 받을 수 있는지에 관한 것 말이다. 이를 위해서는 고객과 마음의 거리를 좁혀 친근한 관계를 구축해야 한다. 야마시타 씨는 입사 2년째를 앞두고 '인간력'을 높여 고객만족도 넘버원이 되겠다고 결심했다.

선망의 대상인
'렉서스 호시가오카 매장'에 발령나다

2년차 직원에게 신인상이란 없다. 모든 영업 활동이 동일한 선상에서 시작된다. 야마시타 씨는 이제 동기와의 경쟁이 아니라 회사 전체에서 1등이 되기 위해 일에 전념했다.

그 결과는? 2년차, 3년차 모두 80대 정도를 판매하는 데 그쳤다. 네츠 도요타 히가시 나고야의 닛신(日進)역 앞 영업소는 오픈한 지 몇 년이 되지 않은 비교적 새로운 매장이었다. 이 지역에는 모든 경쟁사 영업소가 다 모여 있어 신규 진입자의 핸디캡이 클 수밖에 없었다. 게다가 같은 네츠 도요타 히가시 나고야 중에서도 도요타(豊田) 시에 있는 매장이 비교적 유리하다고 한다. 무엇보다 도요타자동차의 본거지라는 점을 무시할 수 없기 때문이다. 도요타자동차 직원뿐만 아니라 관련 회사 직원들도 도요타의 자동차를 구입할 가능성이 압도적으로 높다. 야마시타 씨는 말한다.

"그런 것은 한심한 변명이라는 걸 알고 있었습니다. 그래도 입사 4년차에는 회사 전체에서 최고의 판매대수를 올릴 자신이 있었습니다. 1년차, 2년차에 구입한 고객의 차량 검사 시기가 다가오고 있었거든요. 즉, 자동차를 교체할 기회가 온다는 겁니다. '손쉽게 100대를 넘길 수 있다. 아니, 그 이상 판매해서 최고가 되겠다!'고 다짐했습니다."

그러나 결산을 며칠 앞둔 어느 날, 지점장으로부터 생각지도 못한 이야기를 들었다. 바로 그해, 그러니까 2005년 8월에 오픈 예정이었던 '렉서스 호시가오카' 개설 준비실로 발령이 났다는 것이었다. 렉서스라는 자동차의 판매에 대하여 들은 적은 있었지만 야마시타 씨는 전혀 관심이 없었다. '지금 하고 있는 일에서 최고의 실적을 거둬야 한다!'는 생각으로 머릿속이 꽉 찼기 때문이다. 그러나 그곳은 동기들은 물론이고 영업사원이면 누구나 '가고 싶다'고 희망

하는 곳이었다. 그런데도 야마시타 씨는 "지금 일하고 있는 매장의 지점장님에게서 인정을 있습니다. 혹시 이동을 취소시킬 수는 없는지요?"라고 본사에 진지하게 문의했다. 물론 거절당했다.

'100 − 1 = 0'

왜 입사 3년차에 불과한 야마시타 씨가 발탁되었을까? 그 이유는 새롭게 출시된 렉서스와 관련하여 종래의 고객만족(CS) 서비스가 아닌, 진심을 담은 파격적인 고객만족 서비스가 필요했기 때문이었다. 이것이 이루어져야 비로소 렉서스는 최고의 브랜드가 될 수 있다고 회사 측은 본 것이다. 이러한 호시가오카의 창업정신을 가장 잘 구현할 수 있는 직원이 바로 야마시타 씨라고 회사 측에서 평가하고 판단했던 것이다.

자동차를 판매하고 나면 고객에게 설문 조사에 응해 줄 것을 부탁한다. 그 결과는 직접 도요타자동차로 전달되고, 그 이후 각 영업소의 본사로 피드백된다. 거기에는 클레임

내용도 적히는데, 이것은 앞으로의 판매에도 활용된다.

다양한 평가 기준이 마련되어 있고, 하나하나의 항목마다 1점에서 5점까지의 척도로 평가된다. 그리고 마지막에 '종합 평가'라는 항목이 있다. 5점 만점을 준 고객이 몇 명인지를 나타내는 그것이 톱박스Top-Box이다. 4점은 톱박스에 들어가지 못하니 무의미하다. 만약 한 명의 영업사원이 100대의 자동차를 판매했다고 하자. 그러면 100명의 고객이 작성한 설문 결과가 전달된다. 100명 중에 몇 명이 '종합 평가'에서 5점을 부여했는지, 오로지 그것만이 평가의 대상이 된다. 이것이 바로 고객만족을 측정하는 하나의 중요한 지표가 되는 것이다.

야마시타 씨는 불과 3년 만에 톱박스가 전체의 대부분을 차지했다. 그것이 야마시타 씨가 렉서스 호시가오카의 창업정신을 가장 잘 구현할 수 있는 사람으로서 발탁된 이유였다.

여기에서 문득 데이코구(帝國) 호텔이 서비스의 교훈으로 삼고 있는 산술식의 이야기가 떠올랐다.

'100 − 1 = 0'

호텔은 벨보이, 프런트, 객실 담당, 레스토랑 담당 등 다

양한 부서의 스태프들로 구성되어 있다. 그중 어느 부서에
서든지 단 한 사람의 서비스라도 뒤떨어지게 되면, 즉 '마
이너스 1'이 되면 99가 되는 것이 아니라 '제로'가 되어 버
리는 것이다. 자동차를 파는 것도 이와 마찬가지다. 4점은
의미가 없다. 5점이어야만 한다. 그 1점 차이는 상상하는
것 이상으로 크다.

야마시타 씨가 고객만족 넘버원을 목표로 한 것이, '렉서
스'라는 도요타자동차의 최고급 차량 콘셉트와 딱 들어맞
았던 것이다.

어떻게 고객만족도를 올릴 것인가?

야마시타 씨는 이렇게 말했다.

"고객만족을 올리면 자연스럽게 판매대수도 늘어납니
다. 팔려고 하지 않아도요."

그러면, 그 고객만족도라는 것을 어떻게 올릴 수 있을
까? 아마도 서비스업에 종사하는 모든 사람들이 이를 알고
싶어 할 것이다. 그러나 이는 어려운 일도 아니고, 비밀로

할 일도 아니라고 한다.

 "고객이 영업사원인 제게 바라는 바는 결코 대단한 것이
아닙니다. 최소한으로 필요한 것을 진심을 담아 제대로 해
주기를 바라는 것이죠. 아무런 문제없이 계약을 하고, 전혀
불쾌하지 않게 하면서 수속을 끝마치고, 정확하게 자동차를
가져다 준다. 자동차의 결함은 물론 당치도 않은 것이구요.
한마디로 '고객이 스트레스를 받지 않게 해 주는 것'입니다."

 야마시타 씨는 단언한다. 고객만족에서 가장 중요한 점
은 최소한으로 필요한 것을 진심을 담아 제대로 함으로써,
고객이 스트레스를 받지 않게 하는 것이라고 말이다. 그러
나 '말은 쉽지만 실행은 어려운' 법이다. 만약 이 모든 것을
할 수만 있다면 모두 5점 만점을 받을 것이다. 그러나 전국
의 영업사원 중에서 자신이 자동차를 판매한 고객 모두로
부터 5점을 받은 사람이 있다는 이야기는 들어 본 적이 없
다고 한다.

톱박스 향상 대책은?

'당연한' 것을 '제대로 마음을 담아 정성껏'

야마시타 씨가 입사한 후 3년 동안 실천한 '톱박스 향상 대책'은 다음과 같다.

① 필요한 서류를 '몇 월 며칠까지 준비해 주십시오'라고 부탁한다.

자동차 구매 계약을 할 때는 인감 증명 등 준비해야 할 서류들이 있다. 이럴 경우 당황하여 고객에게 "내일 가져오시면 됩니다"라고 전화하기 마련이다. 야마시타 씨는 그런 광경을 너무 많이 봤다고 한다. 고객이 준비를 못 한 것은 모두 영업사원의 책임이다. 일찌감치 명확하게 기일을 정해서 부탁하는 것이 고객은 물론 자신도 위하는 일이다.

② 구입 대금이 입금된 것을 확인했다면, 지체 없이 곧바로 고객에게 '감사의 전화'를 건다.

고객이 자동차 구입 대금을 은행에서 이체시키면, 은행으로부터 바로 영업소로 연락이 온다. 이때 즉시 고객에게 전화를 걸어 "감사합니다!"라고 말한다. 고객 입장에서는 이체한 대금이 '제대로 전달되었을까?' 싶어 불안한 법이다. 또한 재빨리 전달하는 감사의 말은 무엇보다 상대의 마음을 울린다.

③ 자동차를 전달하고 1주일 후에 '확인 전화'를 건다.

설문 결과에 나타난 클레임 중에서 가장 많은 것으로 야마시타 씨가 특히 주목한 것이 '팔고 나면 연락이 없다'는 것이었다. 팔 때는 열심히 하지만, 정작 자동차를 전달한 다음에는 나 몰라라 한다는 것이다. '팔 때는 간이라도 빼줄 듯하더니, 팔고 나니까 입 싹 닫는구나!'라고 생각하는 고객이 많은 것이다. 그래서 자동차를 전달한 다음 정확히 1주일 후에 전화를 걸어 "차에 문제는 없는지요?"라며 인사를 한다. 1주일이 경과했다면 이미 평일에는 아내가 장보러 갈 때 이용했을 것이고, 주말에는 가족이 함께 드라이브를 했을 수도 있다. 그것보다 빠르면 "아직 어디에도 안 가서 모르겠네요"라는 말을 들을 수도 있다. 그것보다 늦어지면 고객은 "팔고 나니까 입 싹 씻는구먼"이라고 생각한다. 너무 늦어지면 1개월 점검과 겹치게 된다.

야마시타 씨가 전화를 한 때는 고객이 새로 구입한 자동차를 회사 사람에게 자랑한 뒤다. 그래서 "오! 차가 아주 훌륭하군!"이라든가, "승차감이 좋아요!" 같은 말을 들었다면서 감사의 말을 오히려 야마시타 씨에게 전한다고 한다.

④ **자동차를 전달하기 직전에 더러운 곳이 없는지 체크한다.**

다음은 실제로 있었던 일이다. 깨끗하게 세차까지 마친 새 차를 전달하기로 한 아침이었다. 야마시타 씨가 자동차 열쇠를 고객에게 건넬 때 먼지가 쌓여 있는 것을 발견했다. 황사 때문이었다. 그날은 대륙 쪽에서 날아온 황사로 하늘이 뿌옇게 뒤덮였다. 다른 어떤 이유로 몇 시간 안에 자동차가 더러워질지 모르는 일이다. 그래서 전달이 임박한 시점에서 더러운 곳은 없는지 야마시타 씨는 다시 한 번 확인한다. 조금이라도 더러운 곳을 발견하면 야마시타 씨는 직접 세차를 한다.

⑤ **고객이 '부재중 전화'를 걸었다면 즉시 이쪽에서 다시 건다.**

외출 중이거나 다른 고객과 상담을 하고 있을 때 고객에게서 전화가 온다. 다른 직원이 "공교롭게도 지금 야마시타 씨는 외출 중입니다만…"이라고 말하면 "돌아오면 전화했었다고 전해 주세요"라고 고객이 대답한다. 지금이야 스마트폰으로 연락을 받으니, 하던 일이 끝나면 곧바로 고객에게 전화를 걸 수 있다. 하지만 당시에는 회사로 돌아가 메모를 확인하고 바로 전화를 하는 식이었다.

만약 클레임과 관련된 전화였다면 1시간이라도 늦어질수록 문제는 커진다. 그러니 무엇보다 우선해서 전화 메모에 대응을 해야 한다. 서류 정리나 화장실에 다녀 오는 것은 나중에 해도 될 일이다.

가령 회의 중이거나 상담 중이어도 마찬가지다. 고객에게 연락하기 위해 1~2분 정도라도 시간을 내야 한다.

⑥ '오늘' 할 수 있는 일은 '오늘', '지금' 할 수 있는 일은 '지금' 한다.

현재 야마시타 씨는 10명의 영업사원을 관리하고 있다. 매일 10명이 가져오는 다양한 서류를 검토한다. '내일'은 내일이다. 무슨 일이 일어날지 모른다. 작은 문제라도 빨리 알아차리고 바로 대응하면 클레임으로 확대되지 않는다. 그렇기 때문에 10명의 영업사원들에게 '오늘' 일은 모두 '오늘' 안에 처리하도록 철저하게 지시하고 있다.

어쩌면 "뭐야~, 이런 거였어?"라고 고개를 갸웃거리는 사람이 있을지도 모르겠다. 그러나 어떤가? 여러분은 지금까지 자동차를 구매하면서 영업사원에게 '진심을 담은' 이런 모든 서비스를 받아 본 적이 있는가?

전 '세이요긴자 호텔'의 접객책임자였던 오오노 모모코(多桃子) 씨는 '접객서비스의 마음'에 대해 이렇게 말했다.

"일류 서비스란 일반적인 것을 확실하고 신속하게 실행하는 것입니다."

짐을 신속하게 도착시킬 것, 욕실이 청결할 것, 냉장고 안 음료의 라벨 위치가 정면을 바라보게 놓여 있을 것, 침대와 배게는 숙면을 취할 수 있도록 배려되어 있을 것, 세탁물 수거는 5분 이내에 할 것, 전화는 기다리는 일이 없게 할 것 등을 말이다. 이런 기본적인 것들이 제대로 이루어지는가가 고객이 호텔을 평가하는 토대라고 말한다. 자세히 들여다보면 특별한 것은 하나도 없다. 일본의 호텔업계에서 가장 유명한 접객책임자 중 한 사람의 말이기도 하다. 그렇지만 이런 것들이 갖추어지지 않은 호텔에 묵음으로써 다양한 스트레스를 경험한 사람이 적지 않을 것이다.

그 어떤 업계의 '실력자'에게 그 비결을 물어봐도 이러한 말이 돌아온다.

"딱히 특별한 것은 안 했습니다."

실력자들은 기본을 충실히 지키는 것을 가장 중요하게 생각한다.

실제로 야마시타 씨도 이렇게 말했다.

"당시 상황이 그랬어요. 젊은 제가 보기에 함께 영업하는 동료나 선배가 '왜 이런 것을 못할까?' 싶었더랬죠."

야마시타 씨는 단지 이런 기본적인 것들을 제대로 실천함으로써 톱박스에서 탁월한 평가를 받은 것이었다.

'킹 오브 렉서스'로 가는 길

고객의 만족을 중시하는 야마시타 씨의 영업 방침은 렉서스 호시가오카의 기본 이념과도 일치했다. 이는 결코 우연이 아니었다. 경영진이 야마시타 씨의 일상을 간파한 결과였다.

렉서스 호시가오카에서는 다음과 같은 것에 중점을 두

고 고객 중심의 자세를 철저하게 관철시켜 나간다.

- 놀라운 서비스보다 꾸준한 노력이 중요하다.
- 서비스란 고객에게 감사의 마음을 전달하는 일이다.
- 팔려고 하지 말라. 고객이 무엇을 최고로 여기는지를 생각한다.

이것이 결국 실적으로 이어진다.

야마시타 씨는 렉서스 호시가오카의 일원이 된 뒤 첫 년도 결산(8월 말 오픈했기 때문에 약 7개월간)에서 60대, 2년차에는 100대를 판매했다. 프리우스Prius 등을 판매하는 도요타의 일반 영업소에서도 연간 100대를 팔면 톱클래스에 들어간다. 그러니 이러한 실적이 얼마나 놀라운 일인지 알 수 있을 것이다.

이것이 다가 아니다. 야마시타 씨는 첫 년도에는 렉서스 IS로, 그리고 3년차에는 렉서스 SC로 일본에서 최고의 판매대수를 기록했다.

그러나 야마시타 씨는 이에 만족하지 못했다고 한다. 왜냐하면 렉서스라는 자동차의 인기가 선행되어 너무 많이 팔리는 바람에 고객만족을 충실히 이행하지 못했다고 생각했기 때문이다. 그렇게 정신없이 돌아다니는 날들이 계속되었다. 판매 호조가 지속되는 상황에서도 야마시타 씨는 또 다시 냉정해졌다. '당연히 해야 할 것을 마음을 담아 제대로 한다'는 초심으로 돌아가 영업에 전념하기 위해서였다.

여성의 마음을 헤아리는 '배려'

'최소한의 것을 철저히 실행하여 고객에게 스트레스를 주지 않는다!'

단지 이것만을 생각하고 행동했을 뿐인데 야마시타 씨의 주변에서 변화가 일어나기 시작했다. 고객이 고객을 소개시켜주는 사례가 늘어난 것이다. 그가 부탁한 것도 아니었다. "소개해 주겠다"고 고객이 먼저 말했다.

이러한 사례 하나를 소개하겠다.

야마시타 씨가 렉서스 호시가오카로 이동한 후에, 네츠 도요타 히가시 나고야의 닛신역 앞 영업소에 근무했을 때였다. 그가 담당했던 고객이 렉서스의 IS 모델을 구입했다. 그 고객은 유치원에 다니는 아이를 둔 어머니였다. 그런데, 그 어머니에게서 얼마 뒤 전화가 왔다.

"○○ 씨에게서 곧 전화가 올테니, 잘 부탁드립니다."

구입한 렉서스를 타고 아이를 유치원에 데려다 주었는데, 다른 어머니가 자동차를 보더니 '참 좋아 보이네요'라며 부러워했다는 것이다.

소개받은 다른 어머니는 바로 영업소를 찾아와 똑같은 렉서스 IS 모델을 구입했다. 사실 그 유치원은 연예계와 사교계의 저명인 자제가 많이 다니는 곳으로 유명했다. 아침 저녁으로 아이를 태우고 오가는 벤츠, BMW, 아우디 등 고급 수입차가 입구에 즐비하게 늘어선다. 그 사이에 색이 다른 두 대의 렉서스가 나란히 선 것이다. 렉서스를 본 다른 어머니들 사이에서 "정말 좋아 보이네요!", "너무 멋져요!" 같은 소문이 돌았다고 한다.

그러자 그 어머니들이 "정말 좋은 차를 소개해 주어서 고맙습니다. 나중에 친구인 ○○ 씨도 데려오겠습니다"라고 말했다. 그런 인연이 계속 이어졌다. 결국 그 유치원의 어머니 다섯 명이 렉서스를 구입했다. 그동안 야마시타 씨

가 한 일이라고는 그저 우직하게 '최소한의 것'을 실천한 것
뿐이었다.

　단, 야마시타 씨가 각별히 유념한 것 하나가 있었다. 다
름 아닌 자동차 색상이었다. 물론 사람에 따라 차이는 있지
만 일반적으로 여성은 기계에 약하기 때문에 자동차의 기
술적인 부분에 집착하는 경우가 많지는 않다. 그러나 패션
에 민감해서 자동차의 디자인과 색을 중요시 하는 경향이
강하다. 처음 구매했던 여성은 렉서스의 빨간색 IS 모델을
구입했다. 그래서 야마시타 씨는 소개받은 두 번째 여성에
게는 자연스럽게 파란색을, 그리고 다음 여성에는 은색을
추천하는 등 어머니들의 차량 색상이 겹치지 않도록 배려
했다.

　여성에게서 이런 이야기를 자주 듣는다. 멋있는 옷을 사
서 들뜬 기분으로 파티에 갔는데, 똑같은 디자인과 색상의
옷을 친구가 입고 있었던 것이다. 그래서 둘 다 할 말을 잃
었다고 한다. 이를 일반적으로 '겹친다'고 말한다.

　여성은 '겹치는' 것을 가장 싫어한다. 야마시타 씨는 그런
여성의 심리를 배려했던 것이다. 만약 두 사람이 함께 차량

을 주문할 경우에는 두 차량의 출고 날짜를 같은 날로 조정하는 배려도 했다. 옵션 등의 사양이 달라 완성 시기가 차이가 나더라도 말이다.

아이의 입학식이나 졸업식 날에는 어머니들이 우선 렉서스 호시가오카 영업소에 모여 자동차를 주차시킨 뒤, 아이를 데리고 다 함께 식장으로 가는 것이 '봄의 풍물시'가 되었다. 영업소 안은 정장 예복을 갖춰 입은 가족들로 흡사 파티장 같은 분위기가 연출된다.

'소개'가 '소개'를 낳은 결과다.

'귀찮아하지 않는다'

반복해서 언급했지만, '당연한 것', '최소한의 것'을 제대로 하는 게 고객만족 향상에 가장 중요하다. 이와 더불어 야마시타 씨가 '일하는 방법'으로서 실천하고 있는 것이 '귀찮아 하지 않는다'이다.

하루하루를 바쁘게 보내다 보면 자신도 모르게 '효율'과

'능률'을 생각하기 마련이다. 그 자체가 나쁜 것은 아니지만, 너무 지나치면 중요한 것을 생략하기 쉬워진다고 한다. 가령 고객이 렉서스 GS의 '검정색'을 원하고 있다고 하자. 영업소에서 보유하고 있는 것은 '흰색'뿐이다. 그럴 경우 대부분의 영업사원은 인터넷 화면에서 렉서스의 홈페이지를 열어 '검정색' 렉서스 사진을 고객에게 보여 준다. 그게 간단하기 때문이다. 그러나 여기서의 '간단'은 영업하는 측의 논리다. 그 마음의 이면에는 '귀찮다'는 속내가 숨어 있다. 바로 이를 주의해야 한다.

이럴 때 야마시타 씨는 망설임 없이 다른 렉서스 영업소에 전화를 걸어 '검정색' GS를 찾는다. 있다고 확인이 되면 고객 일정에 맞춰 함께 보러 간다. 그 영업소까지 GS의 시승을 겸해서 가면 고객도 만족하기 때문에 시간을 낭비하는 것은 아니다.

다른 렉서스 영업소는 경영 모체가 다르다. 같은 도요타 관련 회사라고는 하지만, 가까이에 있으면 경쟁 관계다. 하지만 렉서스에는 '팀 렉서스'라는 혼(spirit)이 있다. 경쟁자가 아니라 렉서스와 관련된 같은 일에 종사하는 동료인 것이다. 반대로 가까이에 있는 렉서스 영업소 직원에게서 비슷한 부탁을 받는 경우도 있다. 물론 흔쾌히 받아들인다.

야마시타 씨에게 조금 심술궂은 질문을 해봤다.

"속으로는 귀찮다고 생각하는 거 아닌가요?"

그러자 "물론 귀찮은 일입니다"라는 정직한 대답이 돌아왔다. 대부분의 고객은 홈페이지를 통해 자동차의 이미지를 대강 본 후 구입을 결정한다고 한다. 그렇지만 고객이 자동차의 실물을 보고 싶어한다는 것을 짐작할 수 있다. 이렇듯 고객의 마음을 생각하는 것이 더 우선이다. 야마시타 씨가 확고한 목소리로 말했다.

"고객을 위해 얼마만큼의 시간을 할애할 수 있는지가 고객만족 평가와 비례한다고 확신하고 있습니다. 더 나아가 이는 톱박스에도 그대로 반영됩니다."

한번은 렉서스 SC의 '골드(정식 색상 명칭은 베이지 메탈릭 Beige Metallic)'라는 진귀한 색상을 주문한 고객이 있었다. 여기저기 수소문을 해 봐도 다른 영업소에서 이 색상을 찾을 수가 없었다.

우연히 야마시타 씨의 고객 중 SC의 '골드'를 가진 이가 있었다. 상담 도중에 실례라는 것을 알면서도 그 고객에게 전화를 걸었다. "사실은 고객님과 같은 색상의 렉서스를 구입하려는 손님과 상담을 하고 있는 중입니다만…"이라며 사정을 설명했다. 그러자 "어라? 정말 그런 독특한 분이 계신가요? 하하"라며 귀찮아하기는커녕 기뻐해 주었다. 심지어 다음 날에 영업소까지 차를 몰고 직접 오겠다고 했다.

그 시간에 맞춰 구매하려 했던 고객도 영업소로 왔다. 두 고객들이 렉서스에 관한 이야기를 나누다 보니 점차 흥이 고조되었다. 물론 그 자리에서 계약이 성사되었다. 누구나 할 수 있는 '당연한 것'이지만, 누구의 마음속에나 있는 '귀찮다'는 생각을 넘어설 수 있는지 없는지, 단지 이것만으로 큰 차이가 나타날 수 있음을 보여 주는 에피소드다.

풍랑에 휩싸이다

렉서스 호시가오카로 근무지를 옮긴 지 4년 만에 책임자가 되어 영업 일과 더불어 부하직원 관리도 맡게 되었다. 이 무렵부터 야마시타 씨는 신규 고객에게 판매하기보다는 '소개받은 고객'을 대응하는 일을 주로 했다.

그리고 8년차까지 매년 평균적으로 100대 정도를 계속 판매했다. 렉서스 호시가오카가 '킹 오브 렉서스'가 된 건 다 그의 공이다.

그런데 어느 날, 야마시타 씨는 예상치 못한 문제에 휩싸였다. 야마시타 씨가 교대 근무로 휴일을 가족과 함께 보내고 있을 때였다. 남자 부하직원 때문에 고객이 화를 냈다. 그 이유는 정말 사소한 실수 때문이었다. 고객과 관련된 것이기 때문에 구체적인 내용은 밝히지 않겠지만, 당시에 곧바로 해결할 수 있는 문제였다. 그런데 부하직원이 사과했을 때의 방법이 적절하지 못해 고객이 더 화가 났다.

다음 날 야마시타 씨가 책임자로서 보고를 받았을 때는 이미 일이 더 커져 있었다. 고객의 분노는 가라앉지 않았고 총책임자, 더 나아가 본사 임원에게까지 그 일이 전해졌다. 결국 키릭스 그룹 사장이 직접 고객을 찾아가 사죄하여 용서를 받을 수 있었다.

그 일이 있고 며칠 후의 일이다. 정기 인사 시기도 아닌데 갑자기 인사 발령 공지가 발표되었다. 야마시타 씨가 그룹 내 나고야 시내에 있는 폭스바겐 영업소의 영업과장으로 발령이 난 것이다. 물론 본사에서는 '책임'이라든지 '좌천'이라는 말은 일체 없었다. 그저 "새로운 영업소에서도 열심히 해 주게"라는 말뿐이었다. 하지만 야마시타 씨는 자신의 상사였던 총책임자도 강등당했기 때문에 '좌천되었구나' 하고 확신했다.

야마시타 씨는 솔직히 납득하기가 어려웠다고 한다. 분명히 부하의 실수는 상사의 책임이다. 그렇지만 야마시타 씨에게는 그날이 휴일이었고, 그래서 일을 처리할 수 없었던 것이다. 상사로서 책임을 지더라도 처분이 너무 무겁다고 생각했다.

영업과장이라는 자리가 지금과 큰 차이가 있는 직위는 아니었지만, 야마시타 씨는 좌천으로 받아들였다.

이직을 생각하다—야누스의 두 얼굴

"그때 일할 의욕을 상실했었습니다. '완전히 풀이 죽어 있었다'는 표현이 딱 맞을 겁니다."

그래서 홧김에 이런 생각도 했다.

'이런 회사, 내가 그만둬 주겠다!'

2013년 11월 1일, 그렇게 자포자기의 심정으로 야마시타 씨는 폭스바겐 영업소로 자리를 옮겼다. 그리고 그날부터 그의 이직 활동도 시작되었다.

그런데 머지않아 부하 영업직원으로부터 "회사를 그만두고 싶습니다"라는 고민 상담을 받았다. 상담이라고는 하지만 이미 거의 내정된 상태였다. 외국계 기업이 그 부하직원에게 스카우트를 제안했기 때문이었다. 접객하는 마음과 인간력을 중시하는 키릭스 그룹에서 보기 드문 일은 아니었다. 야마시타 씨 자신도 여러 회사로부터 이직 제의를 받았다. 그러나 자동차를 파는 일을 좋아했기 때문에 모두 거절했었다. 야마시타 씨가 부하직원을 타일렀다.

"자네가 그만둔다면 자네한테 의지하던 고객들은 어떤 기분이 들겠는가. 그런 고객들의 얼굴 좀 떠올려 보게."

야마시타 씨는 입으로는 그렇게 말하면서도 마음 한구석에서는 쓴웃음을 짓고 있었다. 자신도 매일 밤 PC 앞에 앉아 이직 사이트를 뚫어져라 쳐다봤고, 입사지원서까지 이미 몇 통 보낸 상태였다. 그럼에도 그만두겠다는 부하직원을 만류하고 있었던 것이다.

"내가 자네와 함께 그 회사에 가서 양해를 구하겠네. 부디 우리 회사에 남아 주게!"

야마시타 씨는 모순된 이야기를 하면서 호시가오카 시절에 자신을 생각해 주었던 고객들의 얼굴을 떠올렸다.

신대륙에서 또 다시
기적 같은 실적을 올리다

결코 의욕이 충만했던 것은 아니지만, 일을 좋아하고 '지고는 못사는' 야마시타 씨의 근성이 마음속에서 다시 고개를 내밀고 있었다.

아니나 다를까, 자리를 옮긴 곳은 전국의 폭스바겐 영업소 중에서 고객만족 순위가 하위 그룹에 속한 영업소였다. 그 원인을 한눈에 알 수 있었다. 무엇보다 영업소가 너무도 지저분했다. 그나마 고객에게 보이는 곳은 그럭저럭 청결을 유지하고 있었지만, 안쪽에는 쓰레기가 쌓여 있었다. 야마시타 씨가 당시의 상황을 설명했다.

"정리 정돈도 제대로 되어 있지 않은데, 어떻게 고객을 배려하는 마음이 생길까요? 일하기 어려운 환경에서는 아무리 몰아붙여도 고객에게 좋은 서비스를 할 수가 없어요."

곧바로 부하직원뿐만 아니라 정비 부문의 직원에게도 조언을 한 후 모두가 함께 대청소를 시작했다. 고장이 난 PC는 물론 구석에 방치된 골판지 상자도 모두 폐품 회수로 처리했다. 영업소가 말끔해지자 모두의 얼굴도 밝아졌고, 기분 탓인지 모르지만 영업소 전체가 밝아진 듯했다. 그러나 이런 상황에서도 야마시타 씨는 활동을 계속했다.

야마시타 씨는 그동안 자신이 축적한 성공 노하우를 부하직원들에게 아낌없이 전수했다. '당연한 것', '최소한의 필요한 것'을 진심을 담아 제대로 실행하기 위해서였다. 그중에서도 가장 중점을 두고 교육한 것이 출고된 차를 고객에게 전달한 뒤 1주일 후에 반드시 '확인 전화'를 하는 것이었다. 야마시타 씨는 자신이 보는 앞에서 고객에게 전화를 걸도록 했다. 연결이 안 되면 몇 번이고 하라고 지시했다. 해당 직원이 고객과 통화를 한 것을 확인하고 나서야 비로소 서류에 도장을 찍었다.

단지 이 '확인 전화'만으로도 고객만족도는 비약적으로

높아졌다. 야마시타 씨가 부임한 다음 달부터 그 영업소는 중위 그룹으로 올라갔고, 그 후 매달 조금씩 순위가 상승했다. 그리고 6개월 후에 상위 그룹으로 올라가 전국 표창까지 받게 되었다.

그리고 필요한 서류를 미리 준비해 달라고 부탁하는 것, 구입 대금의 입금을 확인하면 곧바로 고객에게 '감사'의 전화를 거는 것, 출고된 차를 고객에게 전달하기 직전에 지저분한 곳은 없는지 확인하는 것 등도 철저하게 교육했다.

이러한 노력에 힘입어 고객만족 순위가 오르면서 자연스레 판매대수도 증가하기 시작했다. 어느새 그 폭스바겐 영업소는 우량 영업소로 변모해 있었다. 불과 1년 만에 이룬 성과였다. 그리고 이 무렵부터 야마시타 씨는 이직 사이트를 보지 않았다고 한다.

2014년 10월에 퇴직자가 생겨 공석이 생긴 나고야 시 교외의 폭스바겐 영업소로 발령났다. 이번에는 '영업소장'이라는 직함을 받았다. 하지만 해당 영업소는 그동안의 실적이 좋지 않은 곳이었다. 지금까지 '지고는 못사는' 성격 덕분에 최고가 되고자 더 많이 팔려고 고객만족에 역점을 두며 일을 한 야마시타 씨였다. 그런 그에게도 변화가 일어났다. 부하직원들의 성장을 옆에서 지켜보는 일이 더 즐거워진 것이었다. 그리고 그것이 자신의 기쁨이기도 했다.

부임했을 당시 매달 10여 대에 불과했던 영업사원의 판매대수가 갑자기 두 배로 늘었다. 물론 이것 역시 '당연한 것', '최소한으로 필요한 것'을 제대로 했기 때문이다.

'킹 오브 렉서스'의 귀환

나고야 시 교외의 폭스바겐 영업소에 부임한지 불과 2개월 뒤인 2014년 12월에 야마시다는 '렉서스 호시가오카'의 매니저로 또 다시 전근 발령을 받았다. 이 모든 인사 이동은 지난 13개월간의 실적이 반영된 조치였다.

머지않아 잘 알고 지냈던 고객이 전화를 걸어왔다. 이전에 렉서스 호시가오카에서 도움을 많이 받은 남성이었다. 지난 1년간 가끔 전화로 이야기를 했던 사이였다.

"실은 저 렉서스 영업소로 돌아왔습니다."

야마시타 씨가 말하자, 그 남성이 갑자기 이렇게 물었다.

"추천해 주고 싶은 게 뭔가요?"

"예!?"

"어떤 자동차를 사면 좋은지를 묻고 있는 거예요."

야마시타 씨는 고객에게서 이 말을 들었을 때 너무 기쁜
나머지 눈물이 날 뻔했다고 한다. 곧바로 그 고객이 근무하
는 회사를 방문해서 렉서스NX를 판매할 수 있었다. 사실
이 고객의 주차장에는 아우디 3대와 람보르기니 1대가 주
차되어 있는 것을 알고 있었다. 그렇다. 그 고객은 특별히
자동차가 필요하지는 않았다. 그런데도 야마시타 씨의 복
귀를 축하하는 의미에서 1대 사 주었던 것이다.

야마시타 씨에게는 이런 팬이 적지 않다.

나는 도요타맨이다

후일담이 있다. 채용 담당 임원이면서 렉서스의 사업 책
임자인 야마구치(山口峰伺) 씨에게서 살짝 들은 이야기이
다. 야마시타 씨의 부하가 실수를 해서 일이 크게 확대되었
을 때의 조치는 결코 '좌천'이 아니었다고 한다. 물론 소중
한 고객에게 실례를 범했다면 상사의 책임을 묻지 않을 수

없다. 야마구치 씨는 이 조치가 야마시타 씨에게도 '적절한 수행의 기회'가 되리라 여겼기에 그렇게 한 것이라고 한다. 물론 제갈공명이 자신이 아끼던 부하인 마속에게 울면서 벌을 내릴 때의 기분이 들었다고 한다.

'그만두고 싶어 한다', '이직할 회사를 찾고 있다'는 소문도 들었다고 한다. 그렇지만 "조금만 기다리면 반드시 렉서스 호시가오카로 돌아갈 수 있게 해 주겠다"는 말은 결코 할 수 없었다. 그 말을 하는 순간 수행의 의미가 사라지기 때문이다. 귀여운 자식일수록 고생을 시키라는 말이 있듯이, 몇 차례 폭스바겐 영업소에 들러 "열심히 하게"라고 격려하는 게 야마구치 씨가 할 수 있는 전부였다.

그리고 지금 렉서스 호시가오카로 돌아온 야마시타 씨에게 저자가 물었다.

"도요타의 자동차를 파는 일에 대해서 어떻게 생각하고 있으신가요?"

야마시타 씨는 이렇게 대답해 주었다.

"렉서스 호시가오카에서 일을 하노라면, 도요타에 근무하고 있는 많은 사람이 고객으로 찾아옵니다. '내가 이 차를 설계하고 있는데 평판이 어떤가요?' 또는 '여기는 어떻게 하면 좋겠다는 요청은 없는지요?'라고 물어 봅니다. 저는 자동차를 판매하는 것일 뿐 제조에는 관여하지 않지요. 하지만 그런 질문을 받을 때마다 조금이라도 더 나은 자동차를 만드는 데 일조하고 있다는 기분이 들어 무척 기쁩니다. 저는 도요타자동차 직원은 아니지요. 하지만 도요타의 일원, 즉 도요타맨이라고 자부하고°있습니다."

물건을 만드는 사람이 있고, 그 물건을 파는 사람이 있다. 도요타의 자동차와 관련된 어느 한 사람이라도 빠진다면 도요타자동차는 성립되지 않는다. 물론 당연한 것이라고 생각했지만, 여기서 다시 한번 확인할 수 있었다.

(참고도서) 다모모코(多桃子) 지음,

《황금의 열쇠로 마음을 읽는다(黄金の鍵で心, 読みます)》, 쇼덴샤(祥伝社)

TOYOTA SPIRIT
'귀찮은' 것을 솔선해서 한다

맺음말

이제는 이해를 했으리라 생각한다. 이 책이 가장 강력하게 주장하는 것은 어떠한 '장벽'에도 굴하지 않고 끊임없이 노력을 반복하여 미래에 수확할 '열매'를 맺게 하는 일이다.

도요타자동차의 사장 도요타 아키오(豊田章男)가 존경하며 친하게 지내고 있는 경영자 중에 이나식품공업의 회장 츠카고시 히로시(塚越)가 있다. 이나식품공업은 '간덴파파'라는 브랜드로 최고의 점유율을 자랑하며 무려 48년 동안이나 증수 증익을 계속해온 우량기업이다. 그 츠카고시 회장은 평상시에 이런 말을 자주한다.

"경영에서 중요한 것은 '이익을 쫓지 않는' 것이지요."

예를 들어 싸다는 이유로 구매처를 절대 바꾸지 않고, 불황이라 해서 직원을 해고하지 않는다. 한마디로 말해 '멀리 돌아가는 길'을 선택하는 것이다. 요즘 손쉽게 돈을 벌기 위해 인터넷을 통한 비즈니스가 늘어나고 있다. 이것은 '빠른 길'을 찾는 것과 다르지 않다. 인터넷에서는 클릭만으로 가장 저렴한 가격을 제시하는 사이트에서 구매가 가능하다. 이렇게 되면 두 번째 이후의 회사가 어떻게 될지는 불을 보듯 뻔하다.

일본의, 아니 미래의 지구를 위해 전력을 다하고 있는 '미라이'의 개발책임자인 다나카 씨와 수소충전소의 이와타니 산업, 장애인과 노인이 살기 편한 세상을 만들기 위해 웰캡을 개발한 나카가와 씨, 그리고 '팔려고' 하기보다 고객만족 (CS)에 주력하는 렉서스 호시가오카의 야마시타 씨 등, 이 책에 등장하는 모두가 '멀리 돌아가는 길'을 선택한 대표 선수들이다.

《논어》에 이런 말이 있다.

'눈앞의 이익에 마음을 빼앗기지 마라. 일이 먼저고, 이익은 그 다음이다.'

자신도 모르게 그만 눈앞의 이익에 마음을 빼앗기는 것이 인간의 '본성'일지 모른다. 그러나 결국은 눈앞의 험난한 '장벽'을 하나하나 극복해 나가야만 비로소 '결실'을 얻을 수 있다는 걸 누구나 잘 알고 있다. 사실 '도요타 혼(Toyota Spirit)'은 본래 사람들의 마음 깊은 곳에 내재되어 있는 것이다. 그 성공 여부는 '멀리 돌아가는 길'을 얼마나 잘 참을 수 있느냐의 차이로 결정된다.

독자 여러분의 성공을 진심으로 기원하며 펜을 놓는다.

시가나이 야스히로(志賀内泰弘)

옮긴이의 말

    딱히 마음에 들어서 산 건 아니지만, 나는 도요타의 자동차를 몰고 있다. 학교에서의 강의에서도 그렇거니와, 외부 강연에서도 도요타에 대한 이야기를 많이 한다. 렉서스에 대한 걸 비롯하여 할 이야기가 많은 기업이라서, 그리고 네가 지금 몰고 다니는 자동차가 도요타라고 말하면 더 설득력이 있을 것 같기도 해서 그렇다.

    그런데 이 책을 번역하면서 '내 선택이 어떤 의미에서는 옳았구나' 싶었더랬다. 이 책에 등장하는 도요타 관계자들이 생각하는 자동차는 특별하지 않다. '기본에 충실한 차'일

뿐이다. 그런 생각이 고객들의 믿음으로 이어지고, 그 믿음 덕에 도요타의 자동차는 전 세계에서 팔린다.

그런데 아직도 답을 구하지 못한 것이 있다.

'자동차의 가치는 무엇으로 결정되는가?'

'사람들은 어떤 기준으로 자동차를 고를까?'

내가 보기에 사람이 만든 것 중에서 제일 복잡한 물건이 자동차가 아닐까 싶다. 그래서 좋은 차의 기준도 그만큼 복잡하고 다양한지도 모른다.

그렇지만 도요타에서의 기준은 '기본'이다. 그래서 번역을 마치고 나는 도요타가 '한결같은 것으로 앞서 가는 기업'이라고 생각했다.

이 책은 기업이 늘 같은 일을 하면서 어떻게 앞서갈 수 있는지를 이야기한다. 그러니까 도요타는 다른 회사가 안 하는 것을 하는 것이 아니라, 해야 하는 것을 올바로 지키고 더 낫게 개선하는 기업이다.

이 책에는 '혼魂'에 대한 이야기가 자주 등장한다. 그런데 정작 도요타자동차의 관계자들은 "직접 혼을 담아가며 자동차를 만듭니다"라고 말하지 않는다. 오히려 우리가 그렇게 이야기할 뿐이다. 하긴 혼을 담는 것이 어디 그리 쉬운 일인가? 그런데도 자기가 한 일도 아닌, '남이 한 일'에 대해 혼을 담았다고 할 수 있다면, 그만한 이유가 있어서가 아니겠는가.

학교 연구실에서

도요타 혼

2016년 7월 13일 1판 1쇄 박음
2016년 7월 20일 1판 1쇄 펴냄

지은이 시가나이 야스히로
옮긴이 오태헌
펴낸이 김철종
책임편집 장웅진
디자인 정진희, 이찬미, 김정호
마케팅 오영일
인쇄제작 정민문화사

펴낸곳 (주)한언
출판등록 1983년 9월 30일 제1-128호
주소 110-310 서울시 종로구 삼일대로 453(경운동) KAFFE빌딩 2층
전화번호 02)701-6911 **팩스번호** 02)701-4449
전자우편 haneon@haneon.com **홈페이지** www.haneon.com

ISBN 978-89-5596-761-6 13320

「이 도서의 국립중앙도서관 출판예정도서목록(CIP)은 서지정보유통지원시스템
홈페이지(http://seoji.nl.go.kr)와 국가자료공동목록시스템(http://www.nl.go.kr/kolisnet)에서
이용하실 수 있습니다.(CIP제어번호: CIP2016016773)」